Rainer Dirnberger

Weltenwanderer

D1719091

Nach dem Sachbuch „Aufgeklärte Spiritualität – Spiritualität ohne Gott" führt der Autor im vorliegenden Buch allgemein verständlich in die Thematik ein und vertieft diese in der Folge.

Durch die klare Ausarbeitung der Phänomene „Innenwelt und Außenwelt" wird die persönliche Bedeutsamkeit von Spiritualität veranschaulicht. Spirituelles Fragen und Erleben, unabhängig von traditionellen Glaubenssystemen, wird so als Grundbedürfnis verstehbar und damit für alle zur Bereicherung, ein Weg der individuellen Sinnfindung und Erfüllung. Zahlreiche Erfahrungsbeispiele unterstützen und veranschaulichen die theoretischen Ausführungen.

Mag. Rainer Dirnberger

Klinischer- u. Gesundheitspsychologe, Transaktionsanalytischer Psychotherapeut, Lehrtherapeut, Supervisor, Transpersonale Psychologie und Holotrope Atemarbeit (ÖATP/GTT)

Als Psychotherapeut in freier Praxis, seit nunmehr über zwanzig Jahren (davon die Hälfte als Lehrtherapeut), tätig.

Arbeit im Einzel- und Gruppensetting, in Therapie, Selbsterfahrung, Lehre, Fortbildung und Vortragstätigkeit

Weitere Informationen unter www.dirnberger.co.at

Autor	Mag. Rainer Dirnberger
Titel	Weltenwanderer – Reisende in Sachen Selbst
Untertitel	Aufgeklärte Spiritualität auch für Anfängerinnen und QuereinsteigerInnen
ISBN	978-3-735781277
Herstellung und Verlag 1. Auflage	BoD - Books on Demand, Norderstedt Paperback
Umschlag- und Buchgestaltung sowie Layout	© Wolfgang R. Fürst, Wien www.grafik1.com
Coverfoto und alle Fotos im Buch	© Wolfgang R. Fürst, Wien www.wrfuerst.com

Bibliografische Information der Deutschen Nationalbibliothek:
Die Deutsche Nationalbibliothek verzeichnet diese Publikation
in der Deutschen Nationalbibliografie; detaillierte bibliografische
Daten sind im Internet über dnb.d-nb.de abrufbar.

Weltenwanderer

Reisende in Sachen Selbst

Aufgeklärte Spiritualität auch für

AnfängerInnen und QuereinsteigerInnen

Für Christine und Sylvester

in dankbarer Verbundenheit

An den Leser, die Leserin

Wenn du dieses Buch gerade in Händen hältst, so zeigt dies ein gewisses Interesse für das Thema Spiritualität, sei dies aus Neugierde, persönlichen Erfahrungen oder einer Empfehlung. Da Spiritualität ein sehr intimes Thema ist, erlaube ich mir, den Leser, also dich, mit du anzusprechen.

Selbsterkenntnis, Innenwelt, existentiellen Fragen und Spiritualität können wir mit akademischer Distanz begegnen. Das ist nicht Intension dieses Buches. Wir können aber auch versuchen, uns diesem Thema im persönlichen Bezug, uns „betreffend", anzunähern. Zum einen ist dies eine individuelle, erfahrungs- und praxisbezogene Sichtweise, zum anderen eine „uns alle" Betreffende.

Dies versuche ich mit der „Ich – Du" bzw. „Wir" Anrede zu signalisieren. So soll dieses „wir" unser gemeinsames – *nicht gleiches oder identes!* – Denken, Überlegen und Erkennen bei der Lesereise durch dieses Buch würdigen und zum Ausdruck bringen.

Schließlich wenden wir uns im Lesen dieses Buches der faszinierendsten, wunderbarsten, vielleicht schwierigsten und komplexesten, möglicherweise letztendlich mystisch-unergründlichen „Sache" der Welt zu, unserem SELBST.

Sollte diese Form der Anrede zu „kumpelhaft" oder sonst wie störend für Dich sein, so ersuche ich, gnädig darüber zu lesen und eben Inhalt und Aussage zu „fokussieren".

Ein Wort noch zum Umgang mit Sprache und Geschlecht: Im Bemühen, Respekt und Achtung allen möglichen Geschlechtszugehörigkeiten gegenüber mit einer netten Lesbarkeit zu vereinen, werde ich dies, wo es mir übersichtlich und sprachlich unkompliziert möglich erscheint, mit dem großen I und einem man/frau zum Ausdruck bringen. Verdoppelungen oder Schrägstrichansammlungen wie „der/die Leser/in" werde ich unterlassen.

Inhaltsverzeichnis

Dank

An dieser Stelle darf ich Peter, Karin und Sandra für Eure wertvollen Hinweise und Anregungen danken,

Heidi für Deine liebevolle, verlässliche Unterstützung in allen, manchmal ja auch schwierigen Entwicklungsphasen des Buches,

sowie Christl, dank Dir und Deines freudvollen, inspirierenden Wesens wird das Korrigieren zu einer lustvollen und bereichernden Tätigkeit,

Dir und meinem geschätzten Lehrer Sylvester möchte ich dieses Buch widmen.

Bloß nicht schon wieder Spiritualität!

Wenn du in deinem Freundes-, Familien- oder Bekanntenkreis im Gespräch Spiritualität erwähnst, werden unter Umständen einige interessante Beobachtungen möglich. Vielleicht hast du diese auch schon erlebt?

Sobald das Thema Spiritualität angesprochen wird, entsteht ein kurzes Schweigen, die Anwesenden versuchen, nicht die Augen zu verdrehen oder die Hände vor der Brust zu verschränken und wechseln rasch das Gesprächsthema. Es hat den Eindruck als wäre ernsthaftes Sprechen über Spiritualität irgendwie verpönt, unangenehm oder nervend.

Besser über die sogenannten „wirklich wichtigen" Dinge des Lebens reden, wie das Mittagessen, das Fernsehprogramm oder welches neue Auto/Schuhe/Handy gekauft wird. Vielleicht aber doch nicht zu persönlich werden und sich lieber die Zeit mit Gerüchten über Nachbarn und Bekannte vertreiben.

Es scheinen große Vorbehalte gegenüber Spiritualität in unserer Gesellschaft zu bestehen. Wie wir gleich sehen werden nicht zu Unrecht! Dennoch überrascht dieser Sachverhalt, belegen doch wissenschaftliche Untersuchungen[3], dass sehr viele Menschen Erfahrungen mit spirituellen Erlebnissen haben. Ich gehe sogar soweit zu behaupten, dass nahezu alle Menschen im Laufe ihres Lebens zu bestimmten Zeiten mit spirituellen Fragen und Erfahrungen in Kontakt kommen.

Woher also dieses Unbehagen? Sehen wir uns dazu einmal an, was Menschen spontan zu Spiritualität einfällt: Wenn du hier einen kurzen Moment innehalten willst, kannst du für dich überlegen, welche fünf Begriffe dir jetzt gerade im Moment zu Spiritualität in den Sinn kommen. Typische Antworten sind zum Beispiel:

- Übernatürliches
- Esoterik
- Religion
- Göttliches
- Außergewöhnliche Erfahrungen
- Gebet
- Meditation
- Mystiker und Mystikerinnen
- Guru
- Philosophie
- Friedliche Lebenseinstellung
- Natur
- Harmonie
- Ganz Sein
- Isolation
- Verrückt sein

Sehen wir uns diese einzelnen Punkte etwas näher an, um das Rätsel des Unbehagens besser verstehen zu lernen:

Spiritualität wird häufig als Religiosität, das Ausüben einer religiösen Praxis in Gebeten, Meditationen, Ritualen usw. übersetzt. Hier wird meines Erachtens etwas missverstanden. Es stimmt, dass sehr viele Menschen ihre Spiritualität im Rahmen traditioneller Religionen ausüben. Andere finden in Sekten und bei Gurus ihr spirituelles Zuhause oder kombinieren verschiedene religiöse Glaubensvorstellungen zu einem undogmatischen, verbindenden Glaubenszugang.

In gewisser Hinsicht hat es tatsächlich gelegentlich den Anschein, als hätten Religionen und Glaubenssysteme ein Monopol auf Spiritualität. Immer wieder erlebe ich, dass Menschen die Beschäftigung mit Spiritualität scheuen, weil sie sich nicht von religiösen Strömungen vereinnahmen lassen wollen. Das finde ich schade. Es ist durchaus gut möglich, sich mit spirituellen Fragen und Erfahrungen jenseits religiöser Glaubensvorstellungen zu beschäftigen.

Ich habe dies ausführlich in meinem Buch „Aufgeklärte Spiritualität, Spiritualität ohne Gott"[5] dargelegt. Wenn wir in eine Buchhandlung gehen, haben wir gute Chancen, mehr oder weniger obskure Abhandlungen über Spiritualität unter der Rubrik Esoterik und Übersinnliches zu finden. Zu meiner Überraschung fand ich auch mein eigenes Buch, das so ganz und gar nichts mit Esoterik zu tun hat, in diesem Regalfach einer Buchhandlung. Nun, Esoterik ist nicht jedermanns/jedefraus Sache.

Nicht selten sind diese Anschauungen eng mit traditionellen religiösen Vorstellungen verquickt. Wenn Spiritualität aber für jeden Menschen frei und ohne „Vorbelastung" zugänglich sein soll, dann muss sie aus der Exklusivität von Religionen und anderen Glaubens oder Lehrsystemen gelöst werden. Dann dürfen wir Spiritualität ebenso nicht ausschließlich auf akademische Betrachtungen beschränken.

Mitunter wird Spiritualität mit besonderen Persönlichkeiten verbunden. In der Vergangenheit waren dies oft Mystiker und Mystikerinnen verschiedener Religionen. Diese außergewöhnlichen Menschen faszinieren von ihrer Epoche bis in die Gegenwart durch ihre Lebensführung, außergewöhnliche Erfahrungen und der daraus gewonnenen großen Weisheit. Heute sind das wohl so seltene Ausnahmepersönlichkeiten wie Mutter Theresa, Martin Luther King oder Mahatma Gandhi, die wir für ihre friedfertige, mitfühlende, politisch-spirituelle Lebensweise zu Recht bewundern.

Hand aufs Herz, wer von uns ist zu solch einer Leistung befähigt, so eine Ausnahmeerscheinung? Wenn Spiritualität für jeden Menschen zugänglich sein soll, dürfen wir diese Persönlichkeiten ebenso wenig wie den Glauben an eine Religion zum alleinigen Maßstab machen. Sehr wohl aber sollen sie Vorbild, Weisheitsschatz und Ideal für uns sein und als solche von uns gewürdigt und in Erinnerung gehalten werden.

Spirituelle Erfahrungen, auf diese werden wir noch ausführlicher zu sprechen kommen, können mitunter sehr intensiv sein. Es sind außergewöhnliche Erlebnisse in **besonderen** Bewusstseinszuständen, die sich deutlich vom Alltagsbewußtsein abheben. Nicht selten werden wir in Ausnahmesituationen mit ihnen „konfrontiert", wie in schweren Lebenskrisen oder unter Lebensgefahr, mitunter aber auch plötzlich, ohne jedwede Vorwarnung.

Immer wieder begegne ich Menschen, die aufgrund der Außergewöhnlichkeit und Intensität ihrer spirituellen Erfahrung und aus Angst, nicht verstanden oder sogar für verrückt erklärt zu werden, mitunter jahrelang, dieses Erlebnis mit sich „herumtragen". Manche stoßen auch auf Unverständnis und Ablehnung, wenn sie das erste Mal über ihr Erleben berichten, ihre Erfahrung wird als Märchen abgetan oder dient sogar zu Belustigung.

In der Folge verschweigen sie naheliegender Weise solche Erlebensinhalte und bleiben damit allein, selbst wenn dies schwer fällt und der psychischen Gesundheit nicht zuträglich ist. Zu groß scheint die Gefahr, als Sonderling isoliert zu werden und alleine da zustehen oder für geisteskrank erklärt zu werden. Letzteres ist gar nicht so unbegründet. Es gibt durchaus Fachkräfte, PsychiaterInnen und PsychologInnen, die spirituelle Erlebnisse als traditionelle psychiatrische Krankheitssymptome einstufen.

Aufgrund der oben angedeuteten Heftigkeit mancher spiritueller Erfahrungen können sie tatsächlich krankheitswertige Krisen auslösen, vor allem wenn sie nicht in einem verständnisvollen Umfeld besprochen werden können. Diese spirituellen Krisen sind in der Fachliteratur[16] beschrieben und in einem der beiden weltweit verwendeten Diagnosehandbücher[6] psychischer Erkrankungen als eigenständiges Krankheitsbild angeführt.

Ist Spiritualität also eine Krankheit? Natürlich nicht!

Spiritualität ist ein menschliches Bedürfnis und eine menschliche Fähigkeit zu besonderen Erfahrungen. Spirituelles Fragen und spirituelle Erlebnisse sind zutiefst menschlich und stehen jedem Menschen als Potential zur Verfügung. Sie sind von großem individuellen Wert für Lebensfreude, Lebenszufriedenheit, Lebensqualität und Lebenssinn. Bei „unsachgemäßer Behandlung" kann es natürlich auch zu gegenteiligen Effekten kommen.

Fassen wir zusammen

Es gibt ein Unbehagen, sich mit Spiritualität zu befassen, sei dies wegen Bedenken vor religiöser Vereinnahmung, Befürchtungen vor „gefährlichen" Erfahrungen und unangenehmen Entdeckungen oder gar der Angst, für verrückt gehalten zu werden. Dies mag Ursache dafür sein, dass über Spiritualität lieber nicht gesprochen wird. Dieses Schweigen führt aber dazu, dass Menschen mit ihren spirituellen Erfahrungen alleine gelassen werden und sich isoliert und unverstanden fühlen. Genau das begünstigt, dass die oben beschriebenen Befürchtungen nun tatsächlich eintreten können. In der Psychologie bezeichnet man dieses Phänomen als „sich selbst erfüllende Prophezeiung". Es erscheint paradox, dass Viele Spiritualität ablehnen, obwohl andererseits eine erhebliche Anzahl spirituelle Erfahrungen in ihrem Leben machen und sich zeitweise intensiv mit spirituellen Fragen beschäftigen.

Wenn wir Spiritualität als natürliche menschliche Fähigkeit verstehen, kann diese zum Wohle und Nutzen individuell entwickelt werden. Davon handelt dieses Buch. Wenn du dir einen Leitfaden erwartest, was du alles „tun musst", um spirituell zu sein, dann hast du das falsche Buch in der Hand. Wenn du dich aber auf die Suche nach deinen eigenen Antworten und deiner eigenen Spiritualität begeben willst, mag das Buch unterstützend und hilfreich sein.

Bevor wir uns dem Thema zuwenden, was denn nun „Aufgeklärte Spiritu-alität" eigentlich ist, stellen wir uns die Frage: „Wann haben wir uns (ver-mutlich alle) mit Spiritualität schon einmal intensiv auseinandergesetzt?

Woher komme Ich?

Die Frage nach unserer Herkunft ist eine typisch spirituelle. „Woher wir kommen" beschäftigt nicht nur WissenschaftlerInnen, PhilosophInnen, Religions- und Geschichtsforscherinnen, nein, vermutlich stellt sich jeder Mensch einmal diese Frage. In der Regel so im Alter zwischen drei und fünf Jahren. Da richteten wir sie an unsere Eltern. „Mutti, Papa! Woher komme ich denn?" Nun erlauben wir uns, in die Rolle der gefragten Eltern zu schlüpfen.

In der Regel löst diese Frage des Kindes einen wirren Gedankenschwall im Kopf der Eltern aus, sodass ihnen eine naheliegende, sogenannte „pädagogische" Antwort nicht einfällt: „Möchtest Du vielleicht ein Eis? Wolltest du mir nicht die neue Puppe, das neue Auto zeigen?" Da Eltern erfreulicherweise die politische Kunst, eine Frage durch eine irrelevante Gegenfrage zu beantworten, nicht beherrschen, stehen drei Antwortkategorien zur Verfügung.

- ○ A: Unsinnige Frage
- ○ B: Der Storch
- ○ C: Aus dem Bauch der Mutti

Sehen wir uns doch diese Möglichkeiten und ihre Folgen für unser junges spirituell suchendes Menschenwesen ein wenig näher an.

Antwortkategorie A: Unsinnige Frage

Diese Art der Antwort ist wohl erfreulicherweise etwas aus der erzieherischen Mode gekommen, wir sollten aber nicht vergessen, dass ganze Generationen mit solchen Antworten abgefertigt wurden. Sehen wir uns drei Möglichkeiten etwas näher an.

Frage: „Woher komme ich?" Antwortmöglichkeiten: „Frag nicht so dumm!", „Das geht dich nichts an!" „Das verstehst du nicht!"

Was aber hört und lernt mit diesen Antworten unser suchendes Menschenkind?

- „Frag nicht so dumm" stellt eindeutig klar, dass Spiritualität und die Fragen nach unserem Wesen und Sein eben dumm, unnütz, irrelevant, Zeitverschwendung sind.

- „Das geht dich nichts an" wiederum verdeutlicht, dass Fragen nach der Herkunft unbedeutend, sinnlos sind, da sie einen eben „nichts angehen".

Wir kennen dies im Zusammenhang mit modernem Konsumverhalten. Hier ist auch die zu genaue Frage nach Herkunft, Produktionsbedingungen und Inhaltsstoffen der Nahrungsmittel unerwünscht. Wen soll schon kümmern, woher das Schweineschnitzel vom Mittagsmenü kommt?

- Das verstehst du nicht" als Antwort bedeutet wohl, dass Spiritualität etwas Unverständliches, Unerklärbares ist. Dann ist es wohl besser, sich mit verständlichen Sachen zu beschäftigen, in verstehbaren Bereichen zu forschen.

Wie auch immer, unser kleiner Frager, unsere kleine Fragerin, hat mit Antwortkategorie A gelernt, dass die Beschäftigung mit spirituellen Fragen eine Sackgasse ist und er/sie tunlichst bleiben lassen soll.

Wenden wir uns nun der Antwortkategorie B zu:
„Der Storch hat dich gebracht"

Ich weiß leider nicht, aus welcher Tradition die Überlieferung kommt, dass der Storch die Kinder bringt, wir können aber darin die Absicht einer wissenschaftsnahen Antwort erkennen. Schließlich wird auch in den Wissenschaften der Versuch unternommen, hochkomplexe, vielschichtige Sachverhalte (woher wir kommen) für Laien mit einem einfachen, allen bekannten Wort zu benennen (Storch), in der Hoffnung, damit alles zu erklären. Dann hören wir so „bedeutungsvolle" Sätze wie: „Das ist relativ". „Das ist spirituell". „Das ist unbewusst". „Das ist erlernt, vererbt, genetisch, quanten-theoretisch„ usw. Manchmal werden vorzugsweise komplizierte, eher unverständliche Worte für wissenschaftliche „Erklärungen" erfunden.

Wie auch immer wir diese „Storchen-Art" der Beantwortung sehen, sie erklärt weniger als sie neue Fragen aufwirft. In unserem Fall zum Beispiel: „Woher hat mich der Storch denn geholt?"

„Der Storch hat dich aus dem Froschteich geholt, in dem entstehen die Babys!" Als Eltern sind wir mit dieser Antwort im Moment noch auf halbwegs sicherem „Terrain".

Nun sind wir der Wissenschaft schon sehr nahe. Was kann denn der Froschteich anderes sein als die kindergerechte Formulierung der Ursuppe, aus der, so weiß der wissenschaftlich gebildete Mensch, das Leben auf der Erde vor langer, langer Zeit, entstanden ist. Wie der Froschteich eine eher trübe Brühe, in der wer weiß schon was alles an Elementen und Teilchen herumschwamm. Was soll`s! Letztendlich sind daraus die Babys – Korrektur natürlich nicht Babys sondern erste lebende Zellen, „entstanden". Obwohl – mit der Zeit sind dann in gewissem Sinne schließlich auch die Babys daraus hervorgegangen.

Mit etwas Glück will unser kleiner wissbegieriger Forscher, unsere kleine Forscherin, nicht weiter in die Tiefen von biochemischen Vorgängen und physikalischen Prozessen der Entstehung des Lebens vordringen. Dennoch eröffnen sich, quasi zwangs-läufig, neue Fragen.

„Woher wusste denn der Storch dass er mich zu euch bringen muss, dass ihr meine Eltern seid? Warum hat er mich nicht zu den Eltern der Susi gebracht?"

Nun sind wir über die Frage nach dem „Woher wir kommen" bei der vielleicht existen-tiellsten aller Fragen „Wer bin ich?" angekommen. Wer bin ich als Kind meiner Eltern, meiner Vorfahren?

Spätestens jetzt beginnen wir als Eltern zu schwitzen und merken, dass wir auf sehr dünnem Eis gelandet sind. Überlegungen, ob nicht vielleicht die Idee mit den „Bie-nen und den Blumen" eine bessere Erklärungsalternative gewesen wäre, mögen uns durch den Kopf gehen. Was passiert jetzt? Pädagogisch geschulte Eltern werden nun wohl doch die Möglichkeit eines Eises für das Kind in Betracht ziehen. Anhänger eher „schwarzer" pädagogischer Praktiken werden vielleicht auf Antwortkategorie A zurückgreifen („Frag nicht so dumm" etc.).

Die meisten Eltern werden wohl irgendwie herum stottern und mehr oder weniger verzweifelt versuchen, sinnvolle Sätze zu formulieren. Was aber erkennt unser Kind? `Die wissen es auch nicht`, und was wird es sagen? „Mutti, Papa ich hab euch lieb!" und wird seine Eltern umarmen.

Was lernt das Kind?

Beziehung und Liebe kann eine mögliche, gute Antwort auf existentielle, spirituelle Fragen sein! [22]

Damit hätte unser Kind vielleicht eine der wichtigsten Lektionen für sein Leben gelernt!

Wenden wir uns Antwortkategorie C „jenseits von Storch und Biene" zu: „Du bist aus dem Bauch deiner Mutti gekommen!"

Eine interessante Neuigkeit, so es nicht schon jüngere Geschwister gibt. Nach kurzem überlegen fragte mein, damals dreijähriger Sohn weiter: „Und wann hat mich die Mutti dann gegessen?"

Was lernen in diesem Fall die Eltern: Unterschätze nie, bei aller magischen Vorstellungswelt, in der die Kleinen leben mögen, die logische Auffassungsgabe und Kombinationsfähigkeit von Kindern!

Nun, ich weiß nicht mehr im Geringsten, was ich meinem Sohn damals geantwortet habe. Vielleicht irgendwie in die Richtung: „Wenn sich Papa und Mutti sehr sehr lieb haben, entsteht im Bauch der Mutti ein kleines Kind, dass wir dann beide ganz lieb haben." Wieder: Liebe ist eine sehr gute Antwort auf spirituelle Fragen!

Spätestens wenn nach zwei Jahren die Scheidung und Trennung der Eltern erfolgt ist oder mit anderer Dramaturgie, wenn ein Geschwisterkind erwartet wird, die Mutti also wieder schwanger ist, stellen sich für die kleinen Forscher neue Fragen.

- „Wenn ihr mich so lieb habt, wie ihr sagt, und euch so lieb hattet, wie ihr früher behauptetet, warum trennt ihr euch dann jetzt?"

Wir sehen darin die existentielle Frage nach der Vergänglichkeit alles Irdischen.

- „Wenn ihr mich so lieb habt wie ihr sagt warum kommt dann jetzt ein neues zusätzliches Kind?"

Darin sehen wir die existentielle Frage nach der Verbundenheit und Bezogenheit zu unseren Mitmenschen. Wer sind die anderen?

- „Wenn jetzt plötzlich das Geschwisterkind da in den Bauch gekommen ist, wo war das denn vorher? Wo war ich denn vorher?"

Achtung: Wir erinnern uns – Froschteich!

- „Ihr mögt euch doch die ganze Zeit, warum entsteht dann nicht dauernd ein Kind?"

Achtung: Frage nach Verhütung aber auch nach Verantwortung und Konsequenzen unseres Tuns!

- „Wie habt ihr denn gewusst, dass gerade jetzt ICH zu euch in den Bauch kommen kann und nicht irgendein anderes Kind?"

Achtung: Glatteis!

- „Wie genau bin ich denn nun da in den Bauch reingekommen?"

Achtung: sexuelle Aufklärung!

Die letzte Frage erinnert mich an eine nette Episode aus dem Biologieunterricht meiner Schulzeit. Ich war dreizehn Jahre alt, hinreichend theoretisch sexuell aufgeklärt und hatte im Kopf so gut wie nichts anderes außer der Frage, wie ich wohl mit den Mitschülerinnen, die offensichtlich von einem vollkommen anderen Planeten stammten, in Kontakt kommen könnte. Dabei waren die Vorstellungen von diesem Kontakt vor allem angstbesetzt, aber hochgradig erotisch und begehrlich, wie Händchenhalten, in den

Arm nehmen, vielleicht sogar Küssen oder Schmusen (wenn man nur einen Tau davon gehabt hätte, wie das genau funktioniert). Prinzipiell „wussten" wir aber sehr wohl wie Sex mechanisch funktioniert und die Menschheit sich fortpflanzt.

Fortpflanzung war auch das Thema im Biologieunterricht. Nachdem wir schon so spannende Fortpflanzungszyklen wie die der Blumen (und dabei involvierten Bienen – kein Scherz) oder des Malariaerregers der Anopheles-Stechmücke durchgepaukt hatten, war endlich die Fortpflanzung des Menschen an der Reihe. Wie damals üblich wurde als Anschauungsmaterial eine große farbige Leinwand aufgehängt, die einen detailgetreuen Querschnitt der menschlichen Organe darstellte.

Auf uns wirkte das wie ein nichtssagendes buntes Blatt Papier oder wie ein abstraktes Kunstwerk. Nachdem wir eine Stunde lang über Eizellen die durch eine Samenzelle befruchtet werden und, auf das Ausführlichste, über Zellteilungen (Mitose, Meiose und was weiß ich noch alles) unterrichtet wurden, kam mir, am Ende der Stunde, als das Plakat wieder zusammengerollt wurde, die erleuchtende Erkenntnis:

Der Lehrer hatte gerade über Sex gesprochen.

So dargestellt konnte man eine Stunde Sex buchstäblich „verschlafen". Nach klärenden Pausengesprächen mit meinen männlichen Klassenkollegen, bei den weiblichen hätte ich mich nie getraut, stellten wir unisono fest, dass es allen so ergangen war wie mir.

Was lernen wir daraus? Manchmal ist es wohl auch eine Frage der Darstellung, ob so schöne „Sachen" wie Sex oder vielleicht eben auch Spiritualität überhaupt als solche erkannt werden.

Doch nun zurück zu unseren Fragen: „Woher komme ich?", „Wer bin Ich?"

Als Kinder war für uns die Frage, wo suche ich denn nach Antworten, eindeutig und unzweifelhaft klar, bei den Eltern, die wissen ja sonst auch alles (besser).

Für uns Erwachsene ist die Frage jedoch keineswegs eindeutig aber möglicherweise Alles entscheidend. Denn die Entscheidung *wo* wir nach Antworten auf unsere spirituellen Fragen suchen, bestimmt, *welche* Antworten wir finden können. Die Art und die Qualität der Antworten richten sich danach, wo wir sie suchen. In Bezug auf die verschiedenen Antwortkategorien bedeutet dies:

Kategorie A: „Unsinnige Frage"

In diesem Fall machen wir uns erst gar nicht auf die Suche nach Antworten. Das gesamte Thema Spiritualität geht uns nichts an, ist ohnehin unsinnig oder jedenfalls viel zu schwierig, möglicherweise auch gefährlich. Wenn die Fragen dennoch in uns auftauchen, versuchen wir sie wegzuschieben und zu verdrängen. Wenn Andere uns mit diesem Thema „kommen", werten wir dies ab, bekunden unser Desinteresse oder machen uns darüber lustig und ziehen es ins Lächerliche.

Diese Abwehrreaktion auf alles Spirituelle hat den großen Nachteil, dass sie auf Dauer nicht „funktioniert". Das Leben konfrontiert uns mit Schicksalsschlägen, Verlust, den Tod geliebter Personen, Krankheit usw. Es sind Momente wo uns die Frage nach Sinn, Selbst und der Welt gegenübertritt. In diesen Momenten kann Spiritualität Hilfe und Stütze sein. Sie selbst dann noch zu verleugnen, sich vor ihr zu verhärten und sie wegzuschieben ist ein sehr hoher Preis, den wir am Festhalten in dieser „unsinnigen Frage" Kategorie „bezahlen" werden müssen.

Kategorie B: „Der Storch"

Antworten auf unsere spirituellen Fragen erhalten wir in Märchen, Mythen, Überlieferungen und Religionen. Meist bedeutet dies, dass Wissen um die Antworten da ist und es Menschen gibt, die vorgeben dieses zu „besitzen". Bei ihnen werden wir fündig (wie in der Kindheit bei den Eltern). Die Antworten können, meist gegen Bargeld, käuflich erworben werden. Nicht selten sind sie an eine Mitgliedschaft in den entsprechenden Organisationen gebunden. Dogmatismus in jedem Gewande behindert Spiritualität, wenn sie sie nicht sogar verhindert oder aktiv bekämpft wird. So wichtig es mir erscheint, Organisationen, Strukturen und Machtapparate, die Spiritualität auf ihre Fahnen schreiben, äußerst kritisch zu hinterfragen und sich gegebenenfalls zu distanzieren und jedenfalls vor Missbrauch zu schützen, so sollte dies keinesfalls Begründung dafür sein, sich der eigenen Spiritualität zu verweigern. Auch wenn es notwendig ist, sich gegen Vereinnahmung zu wehren, so ist es doch schade, auf den Weisheitsschatz zu verzichten, der in solchen Traditionen gefunden werden kann.

Kategorie C: „Im Bauch der Mutti"

Hier suchen wir unsere Antworten mit Hilfe der Biologie beziehungsweise den Wissenschaften in der äußeren Welt. Wir beobachten und erforschen Wirkzusammenhänge von Fortpflanzung, Zellteilung und Genetik. Wir dringen in entfernteste Galaxien des Universums vor und sezieren die Moleküle in ihre kleinsten Teile. Wir entschlüsseln den genetischen Code und erforschen die Neuroplastizität des Gehirns und dringen mit der Physik der Quantentheorie und Relativitätstheorie in Bereiche vor, die unsere vertrauten Erkenntnisse der Welt auf den Kopf zu stellen scheinen.

Dennoch, trotz der unglaublichen Fortschritte, dem Wissenszuwachs und den Errungenschaften durch die Naturwissenschaften scheint es doch so zu sein, dass mit jeder neuen Erkenntnis die Antwort auf unsere spirituelle Suche ein Stück weiter weg rutscht. So wichtig das Wissen um Funktion und Reparatur unseres Körpers für jedwede medizinische Intervention ist, es macht einen riesigen Unterschied, ob ich als „Organ" und „biologische Maschine" behandelt werde oder als ganzer Mensch. Unser Inneres ist ein Universum und keine Ansammlung von Organen oder ein Gehirn im Kopf. Dazu später mehr.

Erfreulicherweise haben wir als Erwachsene eine weitere Option. Wir können sie Antwortkategorie D nennen: „In mir"

Ich kann die Antworten auf meine spirituellen Fragen auch in mir suchen. Im Unterschied zum äußeren Universum erforsche ich mein inneres Universum durch Selbstbeobachtung und Selbsterfahrung. Das „Unerfreuliche" daran ist, dass dies mit „Arbeit", Aufwand, Zeit und Energie verbunden ist. Ich bekomme keine fertigen Antworten serviert. Das erfreuliche daran ist, dass unser „Forschungsobjekt" uns unser Leben lang die Treue hält und jederzeit zur Verfügung steht. Da unser Inneres tatsächlich ein Universum ist, können wir darin ein Leben lang nachforschen und werden immer wieder Neues entdecken.

Auch wenn wir unsere Antworten im inneren Universum suchen und immer wieder einmal auch finden mögen, so ist es unsinnig, so zu tun, als gäbe es nur das innere Universum; oder dass nur dieses für spirituelle Suche wichtig sei. Wir leben in beiden Universen gleichzeitig. Die Schnittstelle, da wo sich die Universen berühren, wo wir mit der äußeren Welt in Kontakt treten, ist unser „Bezogen sein" zur Welt.

Die Frage, welche Beziehungen wir leben, zu unseren Mitmenschen und der Um-Welt gestalten und eingehen, kann als Ausdruck unserer Spiritualität verstanden werden. Unsere Beziehungen sind das Bindeglied, in dem sich inneres und äußeres Universum begegnen. Wir werden darauf noch zu sprechen kommen.

Im Moment darf uns der Gedanke gefallen, dass wir uns die spirituelle Suche als (lebenslangen) Entwicklungs-Kreislauf vorstellen, in dem sich das Erforschen meiner Innenwelt und das Erforschen meiner Beziehungswelten harmonisch ergänzen.

Spirituelle Erfahrungen

Wir haben schon einige Überlegungen zu spirituellen Fragen angestellt. Bevor wir uns eingehender mit dem Thema beschäftigen, was denn nun eine „Spirituelle Erfahrung" sei, werfen wir einen Blick darauf, was Menschen als Essenz solcher Erlebnisse berichten.

- Es sind besondere Erlebnisse, in einem Zustand, der sich deutlich von unserem Alltagsbewusstsein unterscheidet.

- Es besteht eine große Gewissheit, dass die Erfahrung, das Erlebte real, wirklich ist.

- Die konkreten Inhalte dieser besonderen Erlebnisse können sehr verschieden sein.

- Zeit, Raum und die Gesetze der Physik scheinen ihre Gültigkeit verloren zu haben, vergleichbar wie im Traum. Dennoch wird, im Unterschied zum Traum und wie eben beschrieben, die Erfahrung als echt, real wahrgenommen.

- Die Erfahrung wird als bedeutsam, wichtig für das weitere Leben beschrieben, im positiven Fall für Entwicklung und Lebenssinn, im unerfreulich negativen als Bürde und Belastung.

Darauf werden wir noch zu sprechen kommen – vor allem – was bedarf es, um einer unerfreulichen Entwicklung vorzubeugen bzw. entgegen zu wirken.

Und, hattest du schon einmal ein spirituelles Erlebnis, eine besondere Erfahrung? Wenn ich so zurückdenke dann würde ich wohl heute ein Erlebnis, dass ich gerade einmal im Alter von 16 Jahren hatte, als ein Solches bezeichnen.

Ich ging, in einem für meine Heimatstadt zur damaligen Zeit typischen tristen, nebeligen Wetter, mit einer lieben Schulkollegin aus der Nachbarklasse spazieren. Wie immer redeten wir intensiv über alles Mögliche. Auf einmal blieb sie stehen und hob eine vor ihr liegende rote, total verwelkte, Rose vom Gehsteig auf. „Ich zeig dir was ich kann" sagte sie beiläufig. Im Weitergehen hielt sie die Rose in ihren Händen verschlossen, so dass ich sie nicht mehr sehen konnte und bald vergaß. In Gespräche vertieft, schlenderten wir durch die Häuserschluchten.

Nach etwa zehn Minuten blieb sie stehen, öffnete die Hände und sprach: „Sieh! Das kann ich!" Sie sagte dies mit der für sie typischen, zarten, ganz bescheidenen Stimme, ohne jedwede Aufregung oder Effekthascherei. Zu meinem Erstaunen strahlte die eben noch verwelkte Rose nunmehr in voller Blütenpracht. Sie legte die feste, frische Blüte in meine Hände und lachte. Dann gingen wir, unsere Gespräche wieder aufnehmend, weiter. Ich kann mich gut erinnern, dass ich wirklich erstaunt war über diese – ihre Fähigkeit.

Doch weder sie, noch ich machten weiteres Aufsehen darüber. Ich speicherte diese Gegebenheit einfach als eines der vielen wundersamen Dinge ab, die es damals für mich auf Erden zu geben schien. Später vergaß ich die Begebenheit fast. Hätte ich damals schon meine wissenschaftliche Ausbildung genossen und somit gewusst, dass das, was ich da soeben sehen durfte, schlichtweg unmöglich ist, wäre ich vielleicht dem Ganzen mit mehr Ehrfurcht begegnet.

Das führt uns zu einem weiteren Paradoxon.

Viele Menschen haben besondere, spirituelle Erfahrungen, erkennen sie aber nicht als solche. Sie würden, wie ich damals, nie auf die Idee kommen, ihre Erfahrungen als spirituell zu bezeichnen.

So zum Beispiel auch ein Freund von mir. Schon des Öfteren erzählte er mir davon, wie toll und besonders es für ihn sei, wenn er im Urlaub am Meer sitzen kann und stundenlang auf die offene See blickt. In diesen Momenten vergisst er jedwede Zeit, es sei als zöge ihn das Blau an, ein tiefes Gefühl von Friede und Gelöstheit überkommt ihn. In diesen Momenten scheint er alles um sich zu vergessen, so als gäbe es nur ihn und das Meer, wobei vorbeifahrende Schiffe dieses Gefühl eher noch intensivieren als es zu beeinträchtigen. „Es ist so unbeschreiblich schön!", schwärmt er mit leuchtenden Augen und freut sich auf den Urlaub im nächsten Jahr.

Er würde nie im Leben seine Erfahrung in irgendeiner Weise als spirituell erkennen. Das ist schade. So stehen diese Erfahrungen isoliert in seinem Leben, schön aber abgespalten, ohne Verbindung zu seinem ganzen Sein. Wie separierte Inseln, fragil und jederzeit in Gefahr von Alltagszwängen, Sachroutinen und „objektiven" Wichtigkeiten verdrängt zu werden und in Vergessenheit zu geraten. Urlaubserfahrungen, die scheinbar völlig losgelöst von Alltags- und Arbeitswelt zu Hause doch eine fast „magische" Anziehungskraft zu haben scheinen.

In welchen Lebenssituationen berichten Menschen von Spirituellen Erfahrungen:

- Todesangst
- Todesnähe
- Schwere Krankheit
- Lebensgefahr
- Lebenskrisen, Krisenzeiten
- Religiöse Praktiken, Mystik
- Schamanistische Methoden
- Psychologische Verfahren
- Traum
- Schöpferische Tätigkeit, intensive Beschäftigung
- Spontan im Alltag

Wir werden einigen dieser Bereiche im Buch später begegnen. Wenn wir diese Liste betrachten, fallen ein paar interessante Aspekte auf. Zum einen, dass spirituelle Erfahrungen oft in schwierigen Situationen und in der Konfrontation mit Lebensangst und Tod gemacht werden. Sie können aber auch sozusagen beim genauen Gegenteil auftreten, spontan im Alltag oder im Moment großer Lebensfreude. Wir können mit bestimmten Methoden aktiv versuchen, sie „aufzusuchen" oder von ihnen im Schlaf „überrascht" werden.

In der Regel sind es aber besondere Erfahrungen in besonderen Augenblicken:

Eher unerfreulich in schwierigen, bedrohlichen Lebenssituationen wie Unfall, Krankheit, Lebensbedrohung, Grausamkeiten, Verderben und Tod – erfreulich im Urlaub, Naturerleben, Sport, im künstlerischen Ausdruck etwa beim Musizieren und Musik hören, bei bedeutsamen Anlässen wie Geburt, Geburtstag, Hochzeit eben bei Festen und Ritualen.

Auf den ersten Blick scheinen uns spirituelle Erfahrungen doch häufig in „unerfreulichen" Lebenssituationen „heimzusuchen". Eine große Auswahl an Erlebnisberichten und wissenschaftlichen Arbeiten finden wir zu Erfahrungen von Sterbenden und sogenannten „Nah – Tod Erfahrungen"[31]. Das sind Berichte von Menschen, die durch Unfall oder Krankheit vorübergehend klinisch Tod waren, bei denen keine Gehirnfunktion mehr nachweisbar war, die jedoch in das Leben zurückgekehrt sind.

Sie beschreiben oft Phänomene von Licht, dem Durchqueren eines Tunnels, Begegnung mit bereits verstorbenen Angehörigen und ein Gefühl umfassender Liebe. Bereits bei den alten Griechen[25] finden wir eine solche Beschreibung. Nah – Tod Erfahrungen lassen sich zu allen Zeiten und in den verschiedensten Kulturen entdecken. Nicht immer aber müssen solche Erfahrungen mit dramatischen Begegnungen und außergewöhnlichen Erscheinungen einhergehen, wie folgendes Beispiel zeigt:

Ein etwa sechzigjähriger Mann berichtet mir von seinem Krankenhausaufenthalt. Es begann am Arbeitsplatz als ihm schwarz vor Augen wurde. Ein Kollege sprach ihn an und er sagte diesem, dass es ihm nicht gut gehe. Darauf verständigte der Kollege den Vorgesetzten, der mit ihm durch die Werkshalle zum Aufenthaltsraum ging. Dann könne er sich nur mehr daran erinnern, dass er kurz den Sanitäter über sich gesehen hat und einmal kurz im Krankenwagen diesen neben sich sitzen sah.

Das Nächste an das er sich erinnert ist, dass seine Frau neben ihm an seinem Krankenbett sitzt. Wie sich herausstellte drei Tage später auf der Intensivstation. Anfangs hatte er leichte Schwierigkeiten beim Sprechen, das besserte sich rasch. Ansonsten blieb der Vorfall ohne weitere körperliche Folgen.

„Zuerst sah ich schwarze Punkte. Da hat mich der Kollege angesprochen, er hat gesehen dass ich zu wanken anfing. Ich konnte ihn klar sehen aber die Werkhalle löste sich immer mehr in einem Weißgrau auf. Ich weiß noch, dass Herrn K., (der Vorgesetzte), neben mir ging und zu mir sprach, aber seine Worte konnte ich nicht verstehen, es war nur der Klang der Stimme. Die Halle, die arbeitenden Kollegen, Alles war im Grau verschwunden, das langsam zu einem Schwarz wurde. Von da an weiß ich nichts mehr, nur die beiden kurzen Erinnerungen an den Rettungsmann. An ein Sitzen im Aufenthaltsraum kann ich mich schon nicht mehr erinnern. Ganz langsam und vollkommen friedlich wurde alles schwarz und aus." Und dann ergänzt er mit leuchtenden Augen und strahlendem Gesicht: „Wenn das der Tot ist, brauchen wir uns davor nicht zu fürchten!"

Sehr oft wird berichtet, dass solche Erfahrungen sich positiv für das weitere Leben der Betroffenen auswirken und die Angst vor dem Sterben deutlich vermindern.

Interessant mag erscheinen, dass wir mittels bestimmter Verfahren und Methoden spirituelle Erfahrungen aktiv fördern können. Am bekanntesten sind wohl die Überlieferungen der großen Religionsgründer Moses, Buddha, Jesus und Mohammed, die durch Fasten, Kontemplation und Meditation in der Einsamkeit von Bergen, Wüste oder Wäldern mystische Erfahrungen sammelten, die ihre Lehren wesentlich beeinflussten.

Mit der psychologischen Methode des „Holotropen Atmens" [35] werden intensive Atmung, anregende Musik und psychotherapeutische Unterstützung genützt, um sehr tiefe Selbsterfahrungsprozesse zu ermöglichen, die manches Mal sogar spirituelle Erfahrungen bewirken. Eine Frau berichtete mir folgendes Erlebnis von einer ihrer Atemerfahrungen:

Anfangs hatte ich das Gefühl, dass sich bei mir nichts „tut" und ich in keinen Erfahrungsprozess reinkomme. Langsam aber trug mich die Musik und ich begann innerlich zu tanzen. Nach und nach gesellten sich immer mehr Frauen in archaischer Kleidung zu meinem Tanz. Ich hatte das schöne Gefühl, mit den Frauen dieser Welt im Tanz verbunden zu sein. Dann löste sich dieses innere Bild langsam aber unaufhaltsam auf und auch ich begann mich mit aufzulösen.

Am Ende war ich in einer Art pulsierendem Netzwerk obwohl ich eigentlich nicht mehr ich war, das ist sehr schwer zu beschreiben. Es war ein Netz das alles Leben auf der Erde verband aber auch selbst irgendwie lebendig war und ich war Teil dieser Verbundenheit. Es war ein unglaublich schönes, friedliches Gefühl. Alles war lebendig und in Ordnung und ich erkannte, dass ich ein Teil dieses Ganzen bin.

Ein nicht unähnliches Erlebnis schilderte mir ein Freund aus seiner Erfahrung im Rahmen einer Schwitzhütte[27]. Dies ist eine der sogenannten schamanistischen Methoden. Dabei handelt es sich in der Regel um Rituale zu bestimmten Ereignissen oder Lebenssituationen und Lebensthemen, die in unserer westlichen Welt in Vergessenheit geraten sind und aus dem Schamanismus verschiedener Kulturen entlehnt sind. Im Guten Fall werden sie verantwortungsvoll und qualifiziert in unseren kulturellen Kontext integriert um Menschen in ihren Entwicklungsprozessen zu unterstützen. So hat sich das bei uns beliebte Saunieren und Wellnessen aus schamanistischen Traditionen wie dem Schwitzhüttenritual entwickelt. Zurück zur Erfahrung meines Bekannten, die er im Alter von Anfang fünfzig machte.

„Ich mag Schwitzhütten, die Stimmung im Dunkeln wenn die orange leuchtenden, heißen Steine von der Feuerfrau hereingebracht werden, den Duft der Kräuter und das gemeinsame Singen. Diesmal aber wurde mir zunehmend schwindelig. Ich bekam Angst und wollte die Hütte verlassen. Die leitende Schamanin ermunterte mich, mich auf den Boden zu legen, wenn es nicht besser würde könne ich aber jederzeit die Hütte verlassen.

So legte ich mich zusammengekauert, nackt wie ich war, im Dunkel auf die Erde. Der Schwindel wurde eher stärker, aber ich hatte das Gefühl wieder frei atmen zu können und die Angst war verflogen. Ich kann es nicht beschreiben, ich wurde eins mit Mutter Erde, irgendwie löste ich mich in der Erde auf und dennoch blieb ich – ich, bei klarem Bewusstsein. Eigentlich war das Bewusstsein viel klarer als im Alltag. Ich kann es einfach nicht besser beschreiben."

Im Gespräch äußerte er seine Verwunderung darüber, dass so intensive Erfahrungen überhaupt in einer Schwitzhütte möglich seien. Er habe davon noch nie gehört. Dann räumte er nachdenklich ein, dass er ja auch, außer seinen sehr guten Freunden, niemanden davon erzähle. Nun, das erledige ich ja jetzt hiermit für ihn (mit seinem Einverständnis).

Ich hatte ein sehr intensives Erlebnis bei einem Feuerlauf.

Der Holzstoß brannte lange Zeit lichterloh bis der Leiter endlich einen ca. 5 Meter langen Glutteppich ausbreitete. Inzwischen war es weit nach Mitternacht und kalt geworden, aber ich spürte, vor lauter Aufregung weder die Hitze des Feuers, noch die Kälte der Nacht. Die rote Glut war weitgehend erloschen, immer wieder „tanzten" kleine rote Feuerspiralen über die für uns nun bereitete Glut. Am Ende war eine Fackel zur Unterstützung als visualisierbares Ziel aufgestellt.

Als ich barfuß durch das feuchte Gras auf den Glutteppich zuging, spürte ich deutlich die Hitze, die von ihm ausging. Vor Zweifel und Angst verschlug es mir fast die Sprache, sodass ich den Satz, für was und für wen ich nun bereit sei, durch das Feuer zu gehen, kaum über die Lippen brachte. Gebannt sah ich auf das Licht der Fackel. Plötzlich öffnete sich ein „Tunnel", ausgehend von dem Licht der Fackel und ein mächtiger Sog zog mich an. Die Umwelt, die anderen Teilnehmer, alles verschwand, da war nur mehr dieser Tunnel, eher wie eine dynamisch sich drehende Röhre und das Licht. Ein wenig sah es wie der Wirbel eines Tornados aus, nur horizontal liegend. Es gab nur mehr mich, diesen Tunnel und das Licht, das mich immer stärker anzog. Unfähig zu denken gab ich mich diesem Sog hin. Im nächsten Moment stand ich unmittelbar vor der Fackel. Ungläubig drehte ich mich um. Ich konnte es kaum fassen, dass ich soeben über die Glut gegangen war. Ein unbeschreibliches Glücksgefühl überkam mich. Die anderen Teilnehmer gratulierten mir herzlich, wie auch allen anderen, die den Feuerlauf gewagt hatten.

Nach einiger Zeit, als ich mich wieder beruhigt hatte und anfing, wieder denken zu können absolvierte ich den Weg durch das Glutbett ein weiteres Mal, sozusagen als Selbstbestätigung meiner Leistung. Diesmal war ich mir jedes Schrittes bewusst, es war wieder ein überwältigendes, wenn auch völlig anderes Erlebnis. Die Vision vom ersten Durchgehen kam in keinster Weise auf.

Dass Kinder nicht nur spirituelle Fragen stellen, wie wir oben besprochen haben, zeigt folgendes Beispiel:

Ein Kollege Mitte dreißig berichtete mir, dass er als Kind immer wieder in Zustände verfiel, in denen er Dinge sah, die für andere anscheinend nicht da waren. Dabei erlebte er die Umwelt in einer Intensität, wie sie manchmal in Filmen als Folge von Drogeneinnahme überzeichnet dargestellt wird. Plötzlich, ohne erkennbaren situativen Auslöser war er in dieser anderen Welt. Anfangs erzählte er das den Eltern und Freunden, aber als er sah, mit wie viel Angst diese reagierten und als er dann auch noch deswegen zum Arzt gebracht wurde, behielt er fortan diese Erfahrungen für sich, voller Angst und Zweifel, was denn eigentlich mit ihm los sei. Warum war er so anders wie die anderen Kinder?

Diese Zustände hörten noch in der Kindheit nach einiger Zeit ebenso plötzlich wieder auf, wie sie begonnen hatten. Wie erleichtert ist er heute, wo er als Erwachsener, im Rahmen eines Holotropen Atemseminares, solch ähnliche Zustände wieder erleben konnte und nun weiß, dass er als Kind nicht verrückt war oder sich alles nur eingebildet hatte. Die Erfahrungen waren keine Produkte einer kindlichen Fantasie sondern Realität eines veränderten Bewusstseins, so versteht er es heute. Durch das Holotrope Atmen wurde für ihn dieses, in der Vergangenheit nicht immer leicht zu tragende Geheimnis gelöst.

Jetzt hatte er für sich eine Methode gefunden einerseits zu verstehen, andererseits um im sicheren wohlwollenden Rahmen solche Erfahrungen für sich erforschen zu können. Das sei wie eine Aussöhnung mit der eigenen Kindheit.

Generell, aber speziell wenn spirituelle Erfahrungen unvorhergesehen, spontan im Alltag auftreten, ist es so wichtig, dass der/die Erfahrende ihr Erlebnis sich „von der Seele reden", es anderen Menschen mitteilen, mit ihnen teilen kann. In dieser Situation braucht es verständnisvolle, wohlwollende und einfühlsame Zuhörer. Es ist sehr verletzend und kann zu ernsthaften psychischen Beeinträchtigungen führen, wenn die Anwesenden ungläubig und mit Ablehnung reagieren; wenn sie die Erfahrung als Einbildung, Spinnerei und Phantasie abstempeln oder sich sogar darüber lustig machen.

Eine Kollegin berichtete mir, dass ihr Therapeut, bei dem sie in Selbsterfahrung war, für ihre spirituelle Erfahrung kein Verständnis zeigen konnte, sondern irritiert und ablehnend reagierte. Sie hatte im Zuge des Ablebens ihres Großvaters ein sehr intensives Erlebnis von dessen Präsenz und Gegenwärtigkeit, wenige Stunden nach dessen Tod. Diese Erfahrung trug sie fortan lange Zeit als Geheimnis mit sich.

Sehr geholfen hat ihr, als sie Menschen begegnete, mit denen sie vorbehaltlos und vertrauensvoll über ihre Erfahrungen reden konnte. Heute sieht sie diese als wesentlichen Teil eines tiefen Verständnisses von Spiritualität.

Wie wichtig ein wohlwollendes, verständnisvolles Umfeld bei jedweder „besonderer Erfahrung" ist, verdeutlicht auch folgendes Beispiel:

„Es kam vollkommen unerwartet und überraschend, ich war auf einer Ägyptenrundreise, wir besuchten Pharaonengräber. Als ich in einem dieser Gräber war, brach ich plötzlich in Tränen aus. Ich fühlte das Leid und Elend der ägyptischen Sklaven, die diese Bauten errichten mussten. Ich fühlte ihre Anwesenheit und ihr unbeschreibliches menschliches Leiden und ich war eine von ihnen, war ägyptische Sklavin, verbunden im gemeinsamen Schmerz den ich so deutlich spürte, als wenn die schreienden, weinenden Seelen alle in meinem Herzen wären. Ich konnte nicht aufhören zu weinen ....."

Obwohl sie mit ihrer Reisegefährtin über diese Erlebnisse reden konnte, wagte sie zuhause nicht, sich jemandem anzuvertrauen. Zu groß waren ihre Bedenken, sie könne missverstanden werden oder Zweifel an der Glaubhaftigkeit ihrer Erfahrung würden geäußert. Viele Jahre trug sie so ihr Geheimnis mit sich. Wirklich geholfen hat, als sie schließlich Menschen fand, mit denen sie vorbehaltlos und vorurteilsfrei ihre Erlebnisse teilen konnte. So wurde aus dem ehedem eher belastenden Geheimnis eine wertvolle, bereichernde Erfahrung. Heute betrachtet sie dieses Ereignis als einen „Meilenstein" ihres spirituellen Erwachens.

Mitunter treten bemerkenswerte Parallelen zwischen Träumen und realer Welt auf, die für die Betreffenden bedeutungsvoll und wichtig sind.

Eines Tages erzählte mir eine Bekannte auf einer gemeinsamen Reise einen Traum aus der vergangenen Nacht. Das war ungewöhnlich, denn sie erinnert sich allgemein eher selten an Träume. In der Nacht war ihr der vor acht Jahren verstorbene Vater erschienen und habe sich bei ihr dafür entschuldigt, dass er unterwegs und beschäftigt gewesen wäre, aber jetzt sei er wieder zurück und werde sie beschützen und sich um sie annehmen. Der Traum war außerordentlich eindrucksvoll und wirkte sehr real. Allerdings hatte sie den Eindruck, dass er mit seiner Botschaft, sich fortan wieder um sie zu kümmern, auch ihre Mutter mit einschloss. Tochter und Mutter verband eine sehr zeitintensive, durch Ambivalenz geprägte, oft äußerst schwierige Betreuungsphase in diesen letzten acht Jahren nach dem Tod des Vaters. Ca. vierzehn Tage nach dem Traum starb ihre Mutter im vierundneunzigsten Lebensjahr friedlich im Beisein der Tochter mit den Worten, sie gehe nun heim zu ihrem Mann.

Auf einer Australienreise lernte ich ein sehr nettes Ehepaar kennen. Der Mann war Anfang der 1970er Jahre ausgewandert, die Frau geborene Australierin. Sie luden mich zum Essen ein und als ich im freundschaftlichen Gespräch erwähnte, dass ich ein Buch über Spiritualität geschrieben hatte, erzählte mir die Frau folgende Begebenheit:

Zu einer Zeit als es noch keine Handys gab, hielt sich ihr Mann beruflich in einer dreitausend Kilometer entfernten Stadt auf. In der Nacht erschien ihr im Traum ihr Schwiegervater und klagte darüber, dass er im ganzen Körper vergiftet sei. Dann träumte sie weiter, dass ihre Schwägerin aus Österreich anruft, um ihr etwas sehr wichtiges über den Schwiegervater mitzuteilen. Sie sprachen sehr lange intensiv miteinander ohne dass der

Inhalt der wichtigen Nachricht klar wurde. Am Morgen wollte ihr der Traum nicht aus dem Kopf. Die Intensität des Gespräches und die Wichtigkeit dieser Nachricht beschäftigten sie und ließen sie lange nicht mehr los. Bemerkenswert ist dabei auch, dass die Frau sich in der Realität mit der Schwägerin gar nicht unterhalten kann, da diese nicht englisch spricht und sie nicht deutsch.

Der Traum beschäftigte sie den ganzen Vormittag, bis sie schließlich versuchte, ihren Mann telefonisch zu erreichen. Sie erzählte ihm alles in kurzen Worten mit der Bitte, doch zu Hause bei seinen Eltern in Europa anzurufen. Dieser tätigte noch am selben Tag den Anruf und erreichte tatsächlich seine Schwester, die schon verzweifelt überlegt hatte, wie sie den Bruder erreichen könne. Der Vater war in der Nacht mit akuter lebensbedrohlicher Erkrankung auf die Intensivstation gebracht worden und lag im Koma

Erfreulicherweise bewahrheiten sich aber bei weitem nicht alle Trauminhalte. Oft sind sie bloß Ausdruck unserer Ängste und Befürchtungen.

Als junger Mann hatte ich in den Wochen vor meiner Matura, dem österreichischen Abitur, sehr lebhafte, detailgetreue und intensive Träume. Alle hatten mit leichten Variationen dasselbe Thema und endeten damit, dass ich bei dieser finalen Schulprüfung durchgefallen war. Erfreulicherweise blieb die äußere Realität davon unbeeindruckt und ich absolvierte die Prüfung bereits im ersten Anlauf positiv. Wie bei vielen Menschen kehrten diese Träume in den nächsten Jahren immer wieder einmal „zurück".

Siegmund Freud bezeichnete Träume als den Königsweg zu unserem Unbewussten und „… die psychische Tätigkeit im Schlaf, die wir als Traum wahrnehmen, unser günstigstes Studienobjekt" [11]. Ob diese Inhalte aber nun auf äußere Realitäten hinweisen oder auf innere, – wie der Angst, bei der Matura zu scheitern – oder aber auf etwas ganz anderes hindeuten, kann, wenn überhaupt, nur im konkreten Fall unterschieden werden.

Was ist Spiritualität?

Nun wird es wohl Zeit, uns der Frage zuzuwenden, was Spiritualität denn für uns bedeuten soll? Bisher haben wir einige Aspekte benannt, was es *in unserem Zusammenhang* nicht ist:

- Religiosität
- Frömmigkeit
- Glaube an einen bestimmten Gott
- Überkonfessionelle Glaubensvorstellungen
- Psychische Erkrankung
- Unnatürliches, Übernatürliches
- „Böses" – Ängstigendes vor dem man/frau sich schützen muss

Was aber ist dann Spiritualität? Sicher ist, dass wir es mit etwas Außergewöhnlichem, nicht Alltäglichem zu tun haben. Das veranschaulichen die eben beschriebenen Beispiele. Des Weiteren gehen wir davon aus, dass Spiritualität etwas zutiefst Menschliches ist. Nur Menschen scheinen spirituelle Erfahrungen zu machen, sich spirituelle Fragen zu stellen. Mit diesen beiden letzten Aspekten können wir Spiritualität auch für uns vorläufig definieren:

Spiritualität ist die menschliche Fähigkeit, sich in einer besonderen Art und Weise speziellen Fragen zu widmen und außergewöhnliche, sehr spezifische Erfahrungen zu durchleben, die sich durch persönliche Betroffenheit und existentielles Erleben im Prozess des Fragens und Erfahrens auszeichnen.

Was zeichnet spirituelle Fragen aus?
Worin unterscheiden diese sich zu Allerweltsfragen?

Es sind die Fragen nach unserem Wesen, unserem Sein in der Welt, nach Leben und Tod. Wer bin ich in meinem tiefsten Inneren wirklich? Was ist der Sinn meiner

Existenz, von Gut und Böse? Wie können Liebe und Hass, völlige Verzweiflung und höchste Verbundenheit gleichzeitig existieren?

Spirituelle Fragen definieren sich aber nicht ausschließlich über ihren Inhalt. Alle diese Fragen können wir unpersönlich, distanziert, akademisch und nüchtern abhandeln und diskutieren. So als hätten sie nicht das Geringste mit uns zu tun. Dann sind es in unserem Sinne *keine* spirituellen Fragen. Erst wenn wir uns von ihnen berühren lassen, in „existentieller Betroffenheit", wenn sie uns in unserem tiefsten Inneren bewegen, wollen wir von spirituellen Fragen sprechen.

Vielleicht ist hier die Unterscheidung zwischen *Wissen* und *Erkenntnis* hilfreich: Wissen können wir als zur Verfügung Haben von Information und deren intellektuelles Verstehen auffassen. Erkenntnis geht über dieses Wissen und Verstehen deutlich hinaus. Es bezeichnet hier ein Durchdrungen Sein von dem Wissen, ein Gewahrwerden mit „allen" Sinnen, mit all meinen Gefühlen, mit meinem ganzen Sein. So macht es einen Unterschied, ob ich weiß, dass ich mich in gewissen Situationen wie meine Mutter verhalte, oder dass mir bestimmte traurige Ereignisse widerfahren sind, weil mir dies zum Beispiel jemand mitteilt.

Wenn ich aber dieses „Mutterverhalten", diese Ereignisse, in einem möglicherweise neuen, unterstützenden, Rahmen „wiedererlebe", mir dessen mit allen Sinnen und Gefühlen gewahr werde, sprechen wir von einer Erkenntnis. Im Bezug auf spirituelle Fragen bedeutet dies, dass Wissen eine gewisse innere Distanziertheit zum Ausdruck bringt, wohingegen Erkenntnis die persönliche Betroffenheit und Involviertheit verdeutlichen soll.

Zusammenfassung

- Spirituelle Fragen sind Menschheitsfragen, die zu allen Zeiten gestellt werden
- Gleichzeitig sind es sehr persönliche, ganz individuelle Fragen
- Es sind persönliche Fragen mit persönlichen Antworten
- Offensichtlich gibt es darauf keine allgemeingültigen, endgültigen Antworten (diese wären dann Dogmen)

- Diese Antworten können vorläufig sein und sich im Laufe unseres Lebens verändern
- Dadurch sind sie entwicklungsfähig, prozesshaft, „lebendig"
- Nicht selten verlangen sie von uns den Mut, Antworten „nicht wissen und erkennen zu können"
- „Nicht wissen zu können" bedeutet nicht, deswegen „glauben zu müssen", sondern in einer offenen, berührbaren Haltung gegenüber den spirituellen Fragen zu verbleiben.

Umgang mit spirituellen Erfahrungen

Das mag noch einigermaßen leicht verständlich sein. Bedeutend komplizierter wird die Frage, wann wir von spirituellem Erleben und Spiritueller Erfahrung sprechen können: wann ist ein *besonderes Erleben in einem veränderten, außergewöhnlichen Bewusstseinszustand spirituell?*

Unbestritten ist, dass wir Menschen die Fähigkeit zu unterschiedlichsten Bewusstseinszuständen haben[30]. Die meiste Zeit sind wir wohl in einem Wechsel von wachem Alltagsbewusstsein und ruhendem Schlafbewusstsein. Unser Bewusstsein kann aktiv manipuliert werden, psychologisch etwa durch Hypnose, chemisch durch Medikamente oder Drogen. Bewusstsein kann „ausgeschaltet" werden, etwa durch Narkose für eine medizinische Behandlung oder in Folge von Krankheit oder Unfall in Koma und anderer Formen vorübergehender, erinnerungsloser Bewusstlosigkeit.

Selbst im Alltag kennen wir unterschiedlichste Bewusstseinszustände, ob wir hoch konzentriert an der Lösung von Aufgaben arbeiten oder dieses Buch lesen, gelangweilt Routinearbeiten verrichten, in freudiger Erwartung unsere Liebsten herbeisehnen oder in ängstlicher Erregung vor einem Prüfungstermin zittern. Prinzipiell wissen wir, was unterschiedliche Bewusstseinszustände sind.

Ähnlich wie bei den spirituellen Fragen scheint es auch hier nicht nur darum zu gehen, was denn in einem besonderen, außergewöhnlichen Bewusstseinszustand alles erlebt wird, sondern auch darum, *wie wir denn mit diesem Erleben „umgehen", was es für uns bedeutet.* Erst aus dieser Kombination von Inhalt und Umgang damit mag sich entscheiden, ob unsere Erfahrung spirituell ist und zu Erweiterung, Öffnung und positiver Entwicklung führt; oder zu Verengung, Einschränkung, im schlimmen Fall sogar zu langem Leid und Krankheit. Lassen wir uns berühren oder bleiben wir unberührt, unberührbar, erkennen oder „vergessen" wir.

Nehmen wir ein konkretes Beispiel: In ganz unterschiedlichen Situationen und zu verschiedensten Zeiten berichteten Menschen von der außergewöhnlichen Erfahrung einer Begegnung mit hellem Licht, einem „Lichtwesen". Wir finden solche Erlebnisberichte bei MystikerInnen verschiedenster Religionen, bei Menschen in akuter Lebensgefahr z.B. durch Ertrinken, als Nahtoderfahrung bei „klinischem Tod" etwa durch Herz-Kreislaufversagen oder in der Zeit nach dem Tod eines geliebten Menschen, aber auch ohne jedweden Bezug zum Lebensende in Meditation, bei schamanistischen oder speziellen psychotherapeutischen Methoden und gelegentlich plötzlich, ohne jedwede Vorwarnung.

Wenn wir uns nun ansehen, was denn diese Menschen berichten, *wem* sie begegnet sind, so werden wir etwas Interessantes feststellen können. Die *Beschreibung* des Phänomens wird mitunter große Ähnlichkeiten aufweisen, die *Erklärungen* große Unterschiede.

Der religiöse Mensch mag in dem „Lichtwesen" seinen Gott erkannt haben oder Figuren aus seiner Mythologie. So werden Christen Jesus oder Maria begegnet sein, Animisten der Erdmutter Maja oder dem „Großen Geist". Anhänger von Fabelwesen werden ihren Kontakt zu Engel und Feen schildern, Unbedarfte vielleicht verstorbene Angehörige treffen. Materialisten werden von einer Störung und Halluzination sprechen, Atheisten von Illusion und Wunschdenken.

Nun mag uns doch die Frage reizen, was denn jetzt dieses „Lichtwesen" wirklich sei? Mit dieser Frage geht das Problem einher, dass sie uns von unserem Erleben wegführt, weg von individueller Betroffenheit zu „akademischem" darüber Reden. Noch größer aber ist die Gefahr, Innen- und Außenwelt zu verwechseln, indem die Realität des erlebten Phänomens mit meiner Erklärung darüber verwechselt wird. Dann wird die Erklärung für real gehalten und als „Beweis" meiner Weltanschauung gedeutet. Das wiederum erhöht für das Individuum die Gefahr zu Konfusion, Verwirrung und psychischer Erkrankung. Kollektiv kennen wir solche Konsequenzen als Dogmatismus, Unterdrückung Andersdenkender und im schlimmen Fall als Glaubenskriege.

Es sei hier kurz angemerkt, dass solche Phänomene auch Folgen einer schweren psychiatrischen Erkrankung sein können, die die Betroffenen quälen und unter denen sie und oft auch ihr Umfeld leiden. Mit diesen sollten wir Spiritualität nicht verwechseln.

Die entscheidende Frage ist somit nicht, was denn nun diese Phänomene wirklich sind. In Sinne der Aufgeklärten Spiritualität sind es menschliche, natürliche Erfahrungsmöglichkeiten. Entscheidend ist, was brauche ich, damit es mir gelingt, solche besonderen Erlebnisse wohlwollend zu verarbeiten und sie konstruktiv und entwicklungsfördernd für mein Leben zu nützen.

Der kleine „Entscheidungsbaum" mag dies verdeutlichen

Besonderes Erleben
Außergewöhnliche Erfahrung („Lichtwesen")

führt zu

Erstaunen, Irritierung, Berührung was sich

entwicklungsfördernd   oder   entwicklungshemmend

auswirken kann, je nachdem ob

Zuversicht, Neugierde, Interesse, berührt Sein,	Angst, Verunsicherung, Verwirrung	Desinteresse, Abwehr, Ignorieren

überwiegen, ist dies bereichernd, intensivierend, lebensbejahend
oder führt zu Vermeidung, Verleugnung, Verdrängung,
besonders wenn keine Hilfe und Unterstützung erfolgt.

Suche nach Hilfe

Erfolgt diese

qualifiziert   unqualifiziert

führt dies zu

verständnisvoller, empathischer, wohlwollender   verständnisloser, abwertender, zuschreibender
Unterstützung und Begleitung   Beurteilung und Beschämung,

und des Weiteren zu

Lebensbejahung, Zuversicht, Sinn,   Angst, Isolation, Geheimhaltung,
Verbundenheit, Mitgefühl   Verhärtung, Abwehr

Der Entscheidungsbaum veranschaulicht, dass besonderes Erleben häufig zu Irritierung und mitunter tiefer Betroffenheit führt, wobei wir in der Folge drei Reaktionsmodi unterscheiden können.

- Das Erlebnis wird positiv, als Bereicherung und wertvolle Erfahrung, mit dem Potential zu Entwicklungsförderung gesehen

- oder es löst Angst, Verunsicherung und Verwirrung aus. In diesem Fall ist eine qualifizierte Hilfe und Unterstützung sehr wichtig, um das konstruktive Potential der spirituellen Erfahrung auch entwicklungsfördernd nutzen zu können.

- Stößt die Erfahrung aber auf Abwehr und Desinteresse wird sie wohl vergessen oder verdrängt und das Potential bleibt leider ungenützt.

Der Baum zeigt aber auch, dass unsachgemäße „Hilfe" oder verständnislose, abwertende Reaktionen des Umfeldes eine besondere Erfahrung in das Gegenteil von förderlich kippen lassen kann und sie dadurch zur Belastung und Bürde wird.

Zusammenfassung

Wann sprechen wir in der Aufgeklärten Spiritualität von einem spirituellen Erlebnis. Was sind die Charakteristika spiritueller Erfahrung?

- Es ist eine besondere, intensive Erfahrung in einem außergewöhnlichen – erweiterten – Bewusstseinszustand

- Sie hat Bedeutsamkeit für mein Leben (existentielle Betroffenheit)

- Sie unterstützt positive Veränderung und Entwicklung

- Sie fördert das Erleben von Ganzheit und Verbundenheit

- Dadurch fördert sie Einfühlungsvermögen, Mitgefühl und Intuition

- Die Erfahrungen können individuell sehr verschieden sein

- Ähnliche Phänomene können ganz unterschiedlich erklärt werden

Was hat Spiritualität mit Selbsterkenntnis zu tun?

Wie schon angedeutet steht wohl jeder von uns irgendwann in seinem Leben vor der Frage, wo wir die Antworten auf unsere intimsten Fragen zu suchen gedenken. Wer bin ich? Was benötige ich zum glücklich sein? Was will ich in der Zeit meines Lebens – um es gut und erfüllt zu leben? Was „brauche" ich, um an meinem Lebensende in der Rückschau sagen zu können, ich bin zufrieden, es war gut, ich kann in Frieden gehen? Suche ich im Inneren und/oder Äußeren?

Wenn Menschen am Ende ihres Lebens befragt werden, was sie rückblickend am meisten bedauern, so finden wir Antworten wie[32]:

- „Ich hätte nicht so hart arbeiten sollen, sondern mehr Zeit mit meinen Freuden verbringen wollen."

- „Hätte ich doch den Mut gehabt, meine Gefühle zu zeigen und mir mehr Freude im Leben gegönnt!"

- „Hätte ich mich doch nicht so oft nach den Erwartungen von Anderen gerichtet! Hätte ich doch den Mut gehabt, mir selbst treu zu bleiben!"

Diese Äußerungen sind ein weiterer Hinweis darauf, dass die Antworten auf unsere existentiellen Fragen zwar nicht losgelöst und unabhängig von der äußeren Welt beantwortbar sind, finden werden wir sie aber nur in der Innenwelt.

Was ist Selbsterkenntnis?

Eine scheinbar einfache Frage. Theoretisch sind Überlegungen zu den Fragen, was denn das Selbst nun sei und wie wir Kenntnis darüber erlangen können Domäne der Philosophie und Psychologie. Im künstlerischen Schaffen finden wir oft eindrucksvolle Umsetzungen und Schöpfungen. Was ist jeder Einzelne von uns seinem tiefsten Wesenskern entsprechend? Durch bewusste Reflexion unserer Erfahrungen, der sogenannten Selbsterfahrung, können wir darüber Aufschluss gewinnen.

Allgemein wird Selbsterkenntnis somit als Versuch verstanden, sich selbst, als lebendiges, einzigartiges Individuum zu verstehen. In der Regel, indem wir unsere Lebensgeschichte, Beziehungsstrukturen, unser Denken, Fühlen und Verhalten, Wollen, Wünschen und Streben analysieren. Dabei wird „analysieren" weniger als Wissensgewinn als vielmehr als Erkenntnisgewinn verstanden. (Siehe die weiter oben getroffene Unterscheidung)

Spirituelle Selbsterkenntnis geht über diese, ausschließlich individualisierte Sichtweise hinaus. Sie ergänzt und erweitert Selbsterkenntnis um die Dimensionen von Verbundenheit, Eingebundensein und Ganzheit, die ebenso Teil unseres individuellen Selbst-Seins sind.

Warum Selbsterkenntnis?

„Der Mensch ist das Wesen, das wissen will, was oder wer es ist ... Menschsein bedeutet, sich auf der Suche danach zu befinden, was der Mensch ist ... Wir wissen nicht einmal, wer wir selbst sind, sondern befinden uns auf der Suche ... Jeder Versuch, diese Suche durch eine einfache Antwort abzubrechen, ist eine Form des Aberglaubens und des Selbstbetrugs" sagt der Philosoph Markus Gabriel[14].

Mögliche Formen von Selbstbetrug werden weiter unten als „Borgismus und Egoismus" beschrieben.

Bei der Beantwortung der Frage: „warum Selbsterkenntnis"? kommen Philosophie und Psychologie zu vergleichbaren Ergebnissen[2]. Wenn wir frei, autonom, bewusst ein Leben in Eigenverantwortung und Würde führen wollen, müssen wir wissen, was und warum wir so denken und fühlen, wie wir es tun. Was sind die Wurzeln unserer Wünsche? Bin ich es tatsächlich der will, oder sind es übernommene elterliche oder gesellschaftliche Vorstellungen? Handle ich als freier Mensch, treffe ich meine Entscheidungen autonom meinem Wesen entsprechend, kann ich meine Gefühle und Bedürfnisse adäquat ausdrücken und befriedigen? Bin ich in der Lage, mein Leben eigenverantwortlich zu führen und liebevolle Beziehungen einzugehen? Oder bin ich ein unbewusstes „Reflexwesen", das automatisch und unfrei nach inneren vorprogrammierten und übernommenen Prägungen und alten Schemata lebt?

Robert Assagioli[1], Psychiater und Psychotherapeut formuliert dies radikal:
„Auch aus diesen praktischen Gründen sind wir, und nicht etwa eine besondere Gruppe von Wissenschaftlern, sondern wir selbst, die wir bewusst und würdig leben und Herr und nicht Sklaven im eigenen inneren Haus sein wollen, sind wir selbst gezwungen, Kenntnis über uns selbst zu haben".

So wie keiner „für uns leben kann", können auch nur wir selbst diese Kenntnisse über uns gewinnen.

Spiritualität versucht diese Dimensionen von Freiheit und Selbstbestimmung um die Aspekte von Sinn, einfühlsam-wohlwollender Verbundenheit als individuelle und universelle Ganzheit im Prozess der Selbstfindung zu erweitern. Damit wird Spiritualität zu einem, wohl lebenslangen, Entwicklungsweg.

Verirrungen: „Borgismus" und Egoismus

Wir stehen vor einem scheinbaren Paradoxon. Zum einen wollen wir, durch den Prozess der Selbsterkenntnis, uns als einzigartiges Individuum erkennen, zum anderen führt gerade dieser Weg in tiefer Konsequenz zur Spiritualität, der Erkenntnis unseres Verbunden und Eingebunden Seins als Ganzheit.

Ich möchte dies mit zwei Bildern aus der Physik Veranschaulichen. Wie Licht als Welle und Teilchen in Erscheinung tritt, so sind wir allem Anschein nach „gleichzeitig" einzigartiges Individuum und untrennbarer Teil alles Seienden: der Menschheit, des Lebens, der Erde...

Den zweiten Vergleich entlehnen wir der Holografie. Wie im holografischen Bild jedes Teilchen das gesamte Bild enthält, also die gesamte Bildinformation in jedem einzelnen Teilbereich enthalten ist, und wir dennoch „ein ganzes Bild sehen" und nicht „tausendfache Bildkopien", so sind wir auch als Mensch eine unteilbare Ganzheit, die in der besonderen, spirituellen Erfahrung in sich die Einheit mit allem Seienden entdecken und erleben kann: Familie, Menschen, Lebewesen, Natur...

So schwierig dies intellektuell auch zu erfassen sein mag, im besonderen –holotropen (holo = ganzheitlich, trop = zubewegen „sich Richtung Ganzheit zubewegen") Bewusstseinszustand[15] ist dies eindeutig, unmittelbar und von überzeugender Realität (Evidenz) erleb- und erfahrbar.

Wie bereits gesagt: Will ich die Trennung auf einem spirituellen Weg überwinden, um die „Ganzheit selbst zu erkennen", habe ich Innen- und Außenwelt erst einmal als klar differenzierte Universen zu unterscheiden, die verschiedenen Ich- und Selbst- Teile zu erforschen. Diesen Schritt in die Individuation (= Prozess der Selbstwerdung des Menschen), vom „Ich zum Du"[21] kann ich mir nicht ersparen. Versuche ich dies, lande ich im „Borgismus", bleibe ich in der Individuation „hängen", im Egoismus.

Der „Borgismus" leitet sich von den Borg ab. Sie sind eine Spezies aus dem Universum des Raumschiff Enterprise der nächsten Generation. In dieser Serie haben Kapitän Picard und seine Crew die alte Mannschaft von Kapitän Kirk abgelöst und dringen in weitere unbekannte Weiten des Alls vor. Die Borg zeichnen sich dadurch aus, dass sie andere Zivilisationen und Welten nicht im traditionellen Sinne erobern, sondern diese assimilieren.

Das bedeutet, alle Information, alles Wissen wird dadurch aufgenommen, dass die eroberte Spezies und Kultur zu Borg umgewandelt wird. Dabei werden die Besiegten nicht einfach in das Kollektiv der Borg aufgenommen oder getötet, sie werden in Borg verwandelt und gehen dadurch vollständig in diesen auf. Von der ursprünglichen Spezies, ihrer Welt und Kultur bleibt nichts mehr über, alles wird zu Borg. Die Borg sind ähnlich wie Ameisen organisiert, ohne jedwede Individualität. Alle Borg sind undifferenziert „gleich", haben Anteil am gesamten Wissen, stehen in ständigem Kontakt zur Gesamtheit, dem Kollektiv der Borg.

In ihrem Bestreben, das gesamte Wissen bzw. alles in sich zu vereinen versuchen sie, nach und nach das ganze Universum zu erobern, bzw. zu assimilieren. Sie verwenden den markigen Spruch: „Widerstand ist zwecklos", damit die Überfallenen sich in ihr Schicksal der Auflösung im System Borg ergeben. Schnell stellen sie sich als große Bedrohung der gesamten Menschheit heraus. Im Kinofilm erfahren wir, dass die Borg eine Königin als zentrale Steuereinheit „besitzen".

„Borgismus" ist somit das genaue Gegenteil von Spiritualität. Im „Borgismus" erfolgt eine Auflösung durch Assimilation in einem übergeordneten, wesensfremden anderen Ganzen. In der Spiritualität transzendieren wir unsere Individualität, ohne diese Auszulöschen oder zu „verlieren", im Erkennen, dass wir Ganzheit schon seit jeher sind. Durch Transzendenz des Selbst im Prozess der Selbsterkenntnis in unsere „höhere", umfassende, allumfassende Ganzheit erfahren wir das tiefste Wesen unseres Seins. Das ist etwas grundlegend anderes als sich an irgendwelche Systeme durch Selbstaufgabe, treffender wäre wohl Selbstverleugnung, anzupassen.

„Borgismus" in der „entfernten" Außenwelt können wir vielleicht im Verschwinden von Kulturen, Sprachen und tierischer wie pflanzlicher Arten und deren Lebensraum bemerken. Schon viel „näher" wird der „Borgismus" spürbar, wenn wir Phänomenen von Massenhysterie und Massenbewegungen begegnen. Mitten im „Borgismus" sind wir in totalitären Systemen, Sekten und ähnlichen Strukturen gleichgeschalteten Denkens, Fühlens und Wollens, von Uniformität und Einheitsbrei. In der Regel mit einem, mit unmenschlichen Attributen ausgestatteten Führer (wie etwa Unfehlbarkeit, , Unhinterfragbarkeit, Übermenschlichkeit – als Meister, Guru, über alle Zweifel Erhabener Großer Vorsitzender, „Stählerner" Generalissimus, Herrscher etc.), vergöttlicht.

Das bedeutet in keinster Weise, dass es nicht Meister, Gurus (= schwer, gewichtig), Weise, Führungspersönlichkeiten, Lehrer und Vorbilder gibt, die wir zurecht ehren, würdigen und achten und von denen wir vertrauensvoll lernen und uns begleiten lassen dürfen und sollen. Führerkult, Unterwerfung, Unterjochung und Einheitsbrei sind etwas grundlegend Anderes. Der Unterschied liegt meiner Ansicht nach im Gebrauch der Macht; ob Wohlwollen, Fürsorge, Liebe und Unterstützung, Respekt und Wertschätzung zur Förderung der Entwicklung und des „Wachstums" der sich Anvertrauenden geübt wird, oder Egoismus.

Um mein Selbst erkennen zu können, bedarf es einer gewissen Entwicklung, Individuation. Ich muss verstehen, dass ich nicht Vater oder Mutter bin, auch wenn ich deren Gene in mir trage und so manche Verhaltens-, Denk- und Fühl-Schemata im Laufe meiner Entwicklung von ihnen übernommen habe. Selbst eineiige Zwillinge, bei gleichen Genen und fast identem Aussehen, sind zwei vollkommen verschiedene Individuen, einmalig und einzigartig wie wir alle. Zu erkennen, dass ich vielleicht mehr Ähnlichkeiten und Parallelen mit meinen Eltern teile, als mir lieb ist, mich möglicherweise bittere und schmerzhafte Erfahrungen geprägt haben, mit welchen Schemata ich mit Anderen in Beziehung trete, mit welchen Überzeugungen und Vorstellungen ich der Welt begegne, mag manchmal nicht einfach zu „verdauen" sein.

Das alles bin ICH AUCH, und noch vieles, vieles mehr. Der Egoismus ist der Versuch, sich dieses „Verdauen" zu ersparen. Er ist eine billige, und leider auch beliebte Abzweigung auf dem Weg der, manchmal anstrengenden, gelegentlich schmerzhaften, zeit- und energieaufwendigen Selbsterkenntnis. Da verwechsle ich mitunter meine einzigartige Individualität mit *Exklusivität* und glaube, daraus irgendein Recht auf ein „Mehr" und „Besser" gegenüber dem Anderen ableiten zu können.

In früheren Zeiten wurde dafür eine angebliche „göttliche" Abstammung bemüht. Heute sind wir in der Zeit des „Jeder gegen Jeden", „Geiz ist Geil", der „Ellbogentechnik", des Tretens und Ausnutzens der Schwächeren, angekommen. Rücksichtsloser Egoismus wird als schlau und intelligent verkauft. Eine Kultur von Neid, Missgunst, der Maßlosigkeit, Gier und des „nie genug Bekommens" ist die Folge. Als Ausbeutung von Mensch und Natur, Umwelt und Ressourcen begegnet uns der Egoismus in der äußeren Welt. Im Inneren als Pervertieren von Bedürfnissen, Ersatzbefriedigung, krampfhaft überspielter Sinnleere und Narzissmus wird er in rücksichtsloser, ausbeuterischer Beziehungsgestaltung sichtbar.

Beides, „Borgismus" und Egoismus sind reale Gefahren für jeden von uns. Wenn wir glauben, vor einem der beiden gefeit zu sein, sind wir möglicherweise bereits tiefer darin verstrickt, als uns lieb sein sollte. Wir Menschen haben ein wirklich unbeschreibliches Potential, wobei die Schattenseiten untrennbar dazugehören. Die Frage ist nicht, ob wir dieses Potential zu Wachstum oder Zerstörung *haben*, sondern was wir daraus *machen*.

Sylvester Walch hat die innere Entwicklung in dem Buch „vom Ego zum Selbst" [34] sehr einfühlsam und anschaulich beschrieben.

„Aufgeklärte Spiritualität"

Spiritualität ist das Bestreben, uns nicht ausschließlich als lebensgeschichtlich-historisch zu verstehen. Wenn wir uns in unseren Beziehungen und unserer Verbundenheit im Lebensalltag zu anderen Menschen, den Lebewesen, wie der gesamten Umwelt begreifen, können wir über das historische geworden Sein „hinauswachsen" zu einem gegenwärtig Sein im Werden und Vergehen von Verbundenheit und Ganzheit. Das ist die menschliche Fähigkeit diese größeren Verbindungen im spirituellen Erleben erfahren zu können. Dadurch wird Spiritualität ein Aspekt von Lebensvielfalt und Lebensqualität.

Aufgeklärte Spiritualität ist somit die Antithese zu einer „Entzauberung der Welt" (wie der Soziologe Max Weber die Folgen der Rationalisierung der Welt bezeichnet hat). Aufgeklärte Spiritualität ist aber auch keine „Wiederverzauberung der Welt", ein Rückfall in magische, märchenhafte Vorstellungen (als Folge einer Verwechslung von Innenwelt und Außenwelt), sondern die Würdigung der *auch* „Zauberhaften" Natur unseres Seins, des Lebens und von Allem.

„Aufgeklärte Spiritualität" ist die Idee, Spiritualität ausschließlich aus dem Wesen unseres Mensch – Seins abzuleiten, zu erklären und zu verstehen (anthropologisch).

Der Begriff „Aufgeklärt"

Was bedeutet „aufgeklärt" im Sinne der „Aufgeklärten Spiritualität"?

Der Umstand der Großschreibung des Adjektiv von Aufklärung deutet an, dass es sich nicht nur um eine Eigenschaft von Spiritualität handelt, sondern um einen Fachbegriff, in dem eine ganze Reihe von Überlegungen und Implikationen zusammengefasst ist.

Das Eigenschaftswort "aufgeklärt" wird gewöhnlich mit Worten wie wissend, überlegt, analytisch, rational, offen, interessiert, undogmatisch, humanistisch usw. beschrieben. Tatsächlich passen diese Begriffe ganz gut, um eine aufgeklärt spirituelle Haltung, auch im Sinne der „Aufgeklärten Spiritualität", zu beschreiben. Das alleine reicht jedoch nicht aus, um „Aufgeklärte Spiritualität" ausreichend zu definieren. So gibt es beispielsweise spirituelle Einstellungen die sich auch als aufgeklärt charakterisieren lassen, wie etwa undogmatisch- überkonfessionelle spirituelle Haltungen.

Eine weitere Bedeutung des Begriffes „Aufklärung" bezeichnet eine philosophische und gesellschaftspolitische Richtung oder Epoche. Sie wurde von so bedeutenden Persönlichkeiten wie Kant (1724-1804), Hume (1711-1776), Voltaire (1694-1778), Diderot (1713-1784), Holbach (1723-1789) geprägt und gilt als Ende des „finsteren Mittelalters". Letztere erarbeiteten das erste umfassende Lexikon, welches das gesamte damalige Wissen der Menschheit umfassen sollte. Wissen sollte aus der Umklammerung der Klostermauern befreit und so „jedermann" öffentlich zugänglich gemacht werden.

Ziel der Aufklärung war es, Wissen, Wissenschaft und Erkenntnis aus dem Monopol der christlichen Kirche zu lösen. Statt Glaube und Doktrin sollte Denken, Analyse und Verstehen den Menschen leiten. Verwirklichbar wurde dies durch die Erfindung des modernen Buchdruckes mit beweglichen Lettern, von Johannes Gensfleisch genannt Gutenberg (um1400-1468), fast dreihundert Jahre zuvor.

Auch hier können wir eine Parallele zur „Aufgeklärten Spiritualität" sehen. Spiritualität soll aus dem Monopol religiöser und pseudoreligiöser Vorstellungen und Glaubenssysteme gelöst werden. Genauer gesagt: „Aufgeklärte Spiritualität" ist eine Alternative, die aus der gegenwärtigen Pattsituation zwischen dem Glauben an Überirdisch-Göttliches und der profanen Vorstellung von Funktionsstörung des Gehirns und Krankheit hinausführen kann.

„Aufgeklärte Spiritualität" als Alternative

„Aufgeklärte Spiritualität" leugnet nicht die Existenz von außergewöhnlichen Erfahrungen, Begebenheiten und Vorkommnissen (wir werden dies als „innere Welt" kennenlernen). Weder verneint sie deren Bedeutsamkeit für das Individuum und sein weiteres Leben noch sieht sie darin pathologische, krankhafte Erscheinungen. „Aufgeklärte Spiritualität" übernimmt keine neueren oder jahrtausendealten Erklärungsschemata von Übernatürlichkeit und Göttlichkeit solcher Erlebnisse. Sie leitet vielmehr ihre Erkenntnisse ausschließlich „anthropologisch" (Anthropologie = Wissenschaft vom Menschen) ab, das heißt nur aus unserem „so Sein" als Menschen. Ausführlich ist das in dem Buch „Aufgeklärte Spiritualität – Spiritualität ohne Gott"[5] nachzulesen.

Diese Überlegung ist am praktikabelsten vorstellbar, wenn wir Spiritualität als menschliches Grundbedürfnis auffassen. Offensichtlich haben spirituelle Fragen nach dem Sinn, Sein und Vergänglichkeit von uns als Menschen und mir als genau dem Individuum, das ich nun mal eben bin, nicht nur „weise Philosophen" und gläubige Menschen seit jeher beschäftigt. Jeder wird, und das nicht nur einmal, im Laufe seines Lebens mit diesen Themen konfrontiert.

Wir haben dies mit einem Augenzwinkern am Beispiel der Fragen eines Kindes an seine Eltern nach seiner Herkunft und Existenz schon angedeutet. Darüber hinaus haben wir Menschen ebenso offensichtlich die Fähigkeit, mit unterschiedlichen Bewusstseinszuständen verschiedene Aspekte unserer Welt und unseres Seins zu erleben, zu erfahren, zu erkennen und in der weiteren Folge zu erforschen.

Spiritualität als Grundbedürfnis

Wie kann die „Aufgeklärte Spiritualität" behaupten, dass Spiritualität ein Grundbedürfnis des Menschen sei, vergleichbar mit Ernährung, Atmung, Sexualität, Zuwendung/Kontakt, Struktur usw. Nun, spirituelle Fragen und Erfahrungen begleiten uns, wie wir gesehen haben, von der Kindheit bis zum Alter, dem Lebensende, in manchen Zeiten intensiver, in manchen fast gar nicht. Es ist eine Fähigkeit die wir ausdrücken, „in das Leben", bringen wollen und die wir entwickeln können, wie eine tiefe Atmung, liebevolle Beziehungen usw. Wir haben auch gesehen, dass sie ein wesentlicher Bereich sein kann für Lebenszufriedenheit und Lebenssinn.

Ziehen wir zum Vergleich das allseits anerkannte Grundbedürfnis nach Nahrung heran. Das Bedürfnis nach Nahrung erfahren wir als Hungergefühl. Wir erforschen dieses, bedenken verschiedene Alternativen der Befriedigung, schreiben Bücher über

Kochrezepte, Heilfasten und gesunde Ernährung. Bei Bedarf beschäftigen wir uns immer wieder damit und werden „unrund" wenn (dieser) Hunger gegen unseren Willen nicht befriedigt werden kann. Das können wir eins zu eins auf Spiritualität übertragen. Wenn wir unser Nahrungsbedürfnis mit ausgewogener, förderlicher Kost stillen, fördert dies unser Wohlbefinden, unsere Ausgeglichenheit, Gesundheit (z.B. das Immunsystem) und unser Wachstum (z.B. das neuer Zellen). Letztendlich ermöglicht es unsere gesamte Entwicklung. All dies gilt auch für die Effekte eines konstruktiven Umganges mit spirituellen Erlebnissen und Fragen.

Wenn wir aber unsere Bedürfnisse missachten, pervertieren, ihnen aus Unwissenheit zuwiderhandeln oder mittels Ersatzbefriedigung „abspeisen" (vertauschen), folgen Krankheit und Leid. Im Fall von Nahrung Fettsucht, Anorexie (Magersucht) oder Bulimie (Ess-Brechsucht), um die bekanntesten zu nennen. Das Gleiche gilt für das Grundbedürfnis Spiritualität. Kann es nicht in einem sicheren, wohlwollenden und entwicklungsfördernden Rahmen gelebt werden, so drohen auch hier Verzweiflung, Leid und Krankheit.

Letztendlich gilt das für alle Bedürfnisse, wenn sie nicht adäquat, das heißt gesund und förderlich, ins Leben gebracht werden können.

Es gilt, unsere Bedürfnisse im Leben zu verwirklichen. Dazu müssen wir sie als solche erkennen und verstehen, erfahren und erleben. Nur so ist eine adäquate, das heißt eine entsprechende, angemessene und volle Befriedigung möglich. Das dient meinem eigenen Wohl, aber, da wir keine isolierten, selbstversorgenden Einzeller sind, sondern „Hyperzeller", wie Hans Hass (1919-2013) das so treffend formulierte, führt dies zwangsläufig auch zum Wohle der Anderen. Leid entsteht durch die Perversion von Bedürfnissen, nicht aus dem Umstand, dass wir Menschen alle die gleichen Grundbedürfnisse „haben" (oder es manchmal schwierig ist, sie adäquat zu befriedigen).

Hans Hass, österreichischer Wissenschaftler, ist weltbekannt als Pionier der Unterwasserfeldforschung und in deren Folge des Tauchens. Er gehört zu jenen Denkern, die das Verständnis von Evolution als Überlebenskampf über eine Vorstellung, ausschließlich basierend auf Konkurrenz der physischen Überlegenheit, Kampf, Raub und Gewalttätigkeit, erweitert hat. Hass hat dargelegt, dass Egoismus, Konkurrenzkampf und „Jeder gegen Jeden", damit sich der Stärkste durchsetze, im Bereich der Evolution nicht der „Weisheit letzter Schluss" war.

Gerade bei komplexen Lebensformen, und der Mensch ist wohl eine der komplexesten und schöpferischsten, stimmt diese Simplifizierung des profitierenden Stärkeren nicht ausschließlich. Hass bezeichnet die evolutionär entwickelten Lebensstrukturen des Menschen, die durch hohe Komplexität, Abhängigkeiten und differenzierte Gemeinschafts- und Beziehungsformen gekennzeichnet sind, als Hyperzeller. Er hat herausgearbeitet, dass bei diesen vielmehr Eigenschaften wie Interesse und Offenheit für die Bedürfnisse des Anderen, Einfühlungsvermögen und Kooperation von der Evolution begünstigt werden.

So führt die Evolution des Menschen vom Überlebenskonzept RAUB und KAMPF, ich und die Meinen „gegen den Rest der Welt", hin zum Überlebensprinzip TAUSCH und KOOPERATION, selber gut leben und gut leben lassen. Nicht aber, weil mir die anderen gleichgültig sind, lass ich sie „großzügiger weise" auch gut leben, sondern weil mein gutes Leben unmittelbar mit dem der anderen zusammenhängt, in Wechselbeziehung steht, buchstäblich davon abhängt. Das führt sozusagen zwangsläufig zur Ausbildung und Kultivierung von Fähigkeiten wie Einfühlungsvermögen, Mitgefühl, Mitleid und gegenseitige Unterstützung.

Der Mensch ist weder „des Menschen Wolf", noch sind wir „Wolf im Schafspelz", aber auch nicht umgekehrt, das „Schaf im Wolfspelz". Wenn wir in dem Bild bleiben wollen, so sind wir zu jeder Zeit prinzipiell beides: Wolf und Schaf. Wir haben als Menschen die Fähigkeit zu beiden. Das bedeutet, es liegt an mir, welche dieser Fähigkeiten oder Potentiale ich nützen, entwickeln und ins Leben bringen werde. Spiritualität ist eben auch eine dieser Fähigkeiten, die wir als Menschen besitzen, es liegt an uns, was wir daraus machen.

So können wir Spiritualität als evolutionäre Entwicklung der Menschheit verstehen, die Kooperation, Freundschaft, soziale Gesinnung und Altruismus einschließt und überschreitet. In der vielleicht bekannten Parabel des Lebenskreises könnte das folgendermaßen veranschaulicht werden:

Ein Schamane erzählte eines Tages seinem Schüler: Jeder Mensch zieht mit seinem Herzen um sich einen Kreis. Die meisten Menschen ziehen diesen Kreis so klein, dass gerade die Kernfamilie darin Platz findet oder etwas größer, dass die ganze Familie darin beschützt ist. Manche Menschen, wie wir Schamanen, ziehen einen großen Kreis, er umfasst den ganzen Clan. Wenige große Schamanen ziehen einen sehr großen Kreis über das bekannte Land und seine unerforschte Nachbarschaft, und schließen alles Leben darin ein. Auserwählte aber haben die Gabe ihren Kreis über den Horizont zu ziehen und alles darin einzuschließen, mit jedem Schritt, mit dem du diesen Horizont zu erreichen trachtest, weicht er im selben Ausmaß vor Dir zurück.

Diesen letzten Kreis würden wir mit Spiritualität bezeichnen.

Es ist sowohl praktisch als auch vernünftig, Spiritualität als ein Grundbedürfnis aufzufassen. Spiritualität wird dadurch etwas Natürliches, Selbstverständliches.

Damit ist Spiritualität aber weder ein exklusives Thema für wenige oder ausschließliche Domäne von Glaubensvorstellungen oder gar eine Krankheit, sondern eben ein zutiefst menschliches Phänomen, ein Grundbedürfnis. Das geht uns alle an, da wir es „nun mal eben alle haben". Dann ist Spiritualität für jeden Menschen, der bereit und willens ist, sich dafür zu öffnen, etwas Bereicherndes. Spiritualität ist als Grundbedürfnis etwas normales, ganz natürliches, was wir dabei Erleben ist aber mitunter alles andere als „Normal" und Alltäglich, wie wir in den Beispielen ja schon deutlich gesehen haben.

Grundbedürfnisse, vielleicht treffender als Lebensbedürfnisse bezeichnet, definieren uns, unser Sein als menschliche Wesen.

Vor einem Grundbedürfnis brauchen wir keine Angst zu haben. Es ist einfach ein menschliches Potential. Grundbedürfnisse gehören gut, erfüllend und für alle sicher befriedigt, um sie nicht mit Ersatzbefriedigungen verdrängen oder verleugnen zu müssen. Letzteres kann unseren „Hunger" nach Leben ohnehin nicht stillen. Somit bleibt die Frage, wie wir unsere Bedürfnisse in das Leben bringen, sie verwirklichen: gestalten wir sie zu unserem, unserer Mitmenschen und Umwelt Wohl, oder pervertieren wir sie zu irgendwelchen Schäden, Nutzlosigkeiten oder gar Grausamkeiten. Sind wir „Nützlinge", „Schadensvermeider bzw. Schadensbegrenzer" oder gar „Schädlinge" in unserer Zeit auf Erden?

Zusammenfassung: „Aufgeklärte Spiritualität" als Bezugsrahmen

„Aufgeklärte Spiritualität" ist ein Konzept, ein Erklärungsrahmen. Mit diesem können wir Spiritualität verstehen und erklären, unser Bedürfnis nach spirituellen Fragen, unsere Fähigkeit zu spirituellen Erfahrungen und wie wir aus diesen entwicklungsfördernde Selbsterkenntnis gewinnen können. Das bedeutet nicht, dass wir damit die Antworten auf unsere eigenen Fragen schon hätten, oder die Erklärung für unsere persönlichen Erfahrungen. Aber wir haben eine Orientierungshilfe, Fachleute nennen dies „Bezugsrahmen", in dem wir uns zu unseren ganz persönlichen Antworten aufmachen können. „Aufgeklärte Spiritualität" ist so ein Bezugsrahmen, ein Orientierungssystem.

Wir bekommen darin weder Antworten auf spirituelle Fragen vorgegeben, noch werden Urteile, Bewertungen, Erklärungen und (Be-)Deutungen von spirituellen Erfahrungen vorbestimmt. Vielmehr weist „Aufgeklärte Spiritualität" uns darauf hin, wo wir nach unseren ganz persönlichen Antworten suchen können und was wir brauchen, um mit spirituellen Erfahrungen förderlich und hilfreich „umgehen" zu können. Das beinhaltet, dass sich unsere Antworten im Laufe unseres Lebens, genauso wie unsere Erfahrungen, verändern können. Sie dürfen sozusagen mit uns wachsen.

Das bedeutet aber auch, dass wir auf manche Fragen und Erlebnisse keine endgültige Antwort oder Erklärung finden werden. Vielleicht bedeutet es auch, den Mut aufzubringen, sich Fragen zu stellen erlauben, von denen wir wissen, dass wir sie nie werden beantworten können. Der Wert liegt nicht in den Antworten, sondern im Akt des Fragens selbst. So wird der Weg zum Ziel und das Leben – unser Leben – darf bei allem Wissen auch geheimnisvoll, unerklärlich und spannend bleiben.

Im Text wird immer wieder auf solche Kernthesen der „Aufgeklärten Spiritualität" hingewiesen.

Erweiterung der Definition von Spiritualität

Um Spiritualität fassen zu können, haben wir zwei Dimensionen beschrieben:

- eine spezifische Art des Fragens
- ein besonderes Erleben.

Diese Definition erlaubt einerseits eine Unterscheidung und Abgrenzung zu anderen Möglichkeiten des Fragens und Erlebens (wie bereits ausgeführt wurde), andererseits ist sie so offen, dass sie den vielen Erscheinungsformen von Spiritualität möglichst gerecht wird.

Die Erlebnisse (Phänomene) spiritueller Erfahrungen weisen typische Charakteristika auf, die von verschiedenen Menschen (aus unterschiedlichen Zeitaltern) beschrieben werden. Wir haben diese aus Sicht der „Aufgeklärten Spiritualität" zusammengefasst, etwa einem besonderen – außergewöhnlichen Bewusstseinszustand etc. Diese an den Phänomenen der Erfahrung orientierte Betrachtungsweise ermöglicht eine gute Unterscheidungsbasis zu gewissen anderen Formen des Erlebens und Bewusstseins, (z.B. Alltag, Schlaf, Tagträumen, konzentriertes Arbeiten etc.).

Für viele Situationen ist diese Definition befriedigend. Aus zwei Gründen reicht diese, ausschließlich an den Phänomenen ausgerichtete Betrachtungsweise jedoch nicht aus:

Erstens gibt es besondere, außergewöhnliche Bewusstseinszustände die sehr ähnliche Erscheinungsformen (wie wir sie aus spirituellen Erfahrungsberichten kennen) annehmen können, wie z.B. gewisse Formen psychischer Erkrankungen.

Zweitens kennen wir besondere Bewusstseinszustände (z.B. im Zuge gewisser Methoden wie im Schamanismus, in Trance und Meditation) die manchmal (aber keineswegs immer) auch zu spirituellen Erfahrungen werden können.

Um diesen beiden Optionen gerecht zu werden, ist unsere Definition von Spiritualität zu erweitern, wobei sich folgende drei Punkte gut eignen:

- der Lebenskontext,
- die Bewertung
- die Wirkung (Bedeutsamkeit im Unterschied zur Deutung, der individuellen Erklärung).

Selbstverständlich stehen diese drei Aspekte in Wechselbeziehung zueinander, dennoch macht es Sinn, sie getrennt zu betrachten.

- Unter Lebenskontext werden die biografischen, lebensgeschichtlichen Zusammenhänge verstanden, und nicht so sehr die aktuelle Situation, die konkreten Umstände, in der eine spirituelle Erfahrung gemacht werden kann. Wie wir festgestellt haben, kann diese auch spontan im Alltag auftreten, somit prinzipiell in jeder Lebenssituation. Genau das trifft auch auf psychotische Erkrankungen zu. Manchmal lassen sich besondere Erlebnisse im Spiegel des Lebenskontextes des Erfahrenden besser verstehen, als eine Betrachtung der Erfahrung alleine.

- Unsere Bewertung, der Wert, den wir unserer besonderen Erfahrung beimessen, bestimmt weitgehend, ob sie als spirituelle Erfahrung wirksam werden kann. Ein Erlebnis, dem wir keinen Wert beimessen, wird generell auch keine Bedeutsamkeit für uns entfalten können. Wie wir unsere Erfahrungen bewerten, entscheidet maßgeblich, inwieweit (und als was) wir sie in Erinnerung halten. Damit wir einem spirituellen Erleben Wert beimessen können (und es dadurch für unser Leben bedeutsam wird) müssen wir es aber als solches erkennen und anerkennen. Dafür ist Wissen um Spiritualität und ein geeigneter Bezugsrahmen für deren Verständnis sehr hilfreich.

- Wurde eine Erfahrung als relevant bewertet, so wird sie auch eine Wirkung entfalten. Spirituelle Erlebnisse haben ein konstruktives, entwicklungsförderndes, sinnstiftendes und heilsames Potential. Dass dieses (in diese Richtung) wirksam wird ist aber keine Selbstverständlichkeit. Es ist maßgeblich von unserer Einschätzung (als Kombination von Lebenskontext, Bewertung, Deutung und Bedeutsamkeit) abhängig, wie wir spirituelle Erfahrungen verarbeiten können. Ebenso wichtig für eine „gute" Verarbeitung ist ein verständnisvolles Umfeld und gegebenenfalls wohlwollende, kompetente Unterstützung und Begleitung.

Wie leicht spirituelle Erlebnisse vergessen werden, wenn wir sie als solche nicht erkennen und anerkennen können, wurde mir deutlich bewusst, als ich in einem Buch[4] die Beschreibung einer spirituellen Erfahrung las, die dessen Autor beim Spazierengehen mit Freunden durch einen Wald hatte. Ich gebe hier eine gekürzte Fassung wieder:

„ ..... das Lachen verstummte nach und nach ...... Es blieben Freundschaft, Vertrauen, die geteilte Gegenwart ..... Ich dachte an nichts. Ich schaute. Ich lauschte ...... Das geräuschvolle Schweigen des Waldes: das Knacken der Äste .... Das dumpfe Geräusch unserer Schritte ..... Das alles machte die Stille nur noch hörbarer. Und plötzlich ......

Was? Nichts. Alles! ..... Nur ein Erstaunen. Eine Gewissheit. Ein Glück, das unendlich zu sein schien. Ein Frieden der ewig zu sein schien ..... nichts anderes war in mir, in dieser dunklen Nacht, als die leuchtende Gegenwart des Ganzen. Friede. Unermesslicher Friede. Einfachheit. Gelassenheit. Heiterkeit ...... nur noch Gegenwart .... nur noch Sein ..... Freude und Friede ..... Das dauerte vielleicht ein paar Sekunden."

Als ich diese Zeilen lese erinnere ich mich plötzlich, wie ich vor sehr langer Zeit genau so eine Erfahrung erlebt habe. Ich war damals noch keine achtzehn Jahre alt. Als werdender Vater war es der Höhepunkt einer sehr schweren Zeit. Ich ging, wie so oft, mit einem Freund spazieren, um ihm meine Sorgen und mein Leid zu klagen. Wir gelangten in einen uns unbekannten Stadtteil. In einem Park auf einer Anhöhe setzten wir uns unter einem Baum in die Wiese. Über diese Wiese sahen wir auf die Häuser in einiger Entfernung unter uns. Wir schwiegen, rochen das frisch gemähte Gras und lauschten der Mischung aus Naturgeräuschen vom Wind in den Bäumen und dem leisen entfernten Treiben der Stadt. Langsam wurde es dunkel, in den Häusern wurde nach und nach das Licht eingeschaltet. Der Himmel verfärbte sich in unbeschreiblicher Intensität in Rot, Orange, Lila und unterschiedlichsten Blautönen. Das Farbenspiel war gewaltig, der Himmel riesig und doch nah. In diesem Augenblick durchströmte mich eine innere Ruhe und Gelassenheit. Es war nur ich, dieser Augenblick, mein Freund an meiner Seite, dieser Anblick, Riechen, Lauschen, Schweigen – Sein – keine Worte, kein Klagen, keine Angst oder Sorgen, ganz tiefer innerer Friede.

Jetzt, wo ich darüber nachsinne wird mir gewahr, dass es durchaus etliche vergleichbare (heute würde ich sagen spirituelle) Erlebnisse in meinem Leben gab. Keine Erleuchtung aber eine kurze Transzendenz meines Selbst in einer schönen, bereichernden Erfahrung. Es hätte sich gelohnt, diese in Erinnerung zu halten. Es ist so schade, sie einfach zu vergessen. Heute, rückblickend, sehe ich sie als „Aufbereitung des Bodens" für die Erfahrungen, die ich viel später und in ganz anderem Setting erleben durfte.

Kleiner Exkurs: Spiritualität ohne Gott

Wie aufgefallen sein dürfte, wird im ganzen Buch, in allen darin vorgestellten Überlegungen nie von Gott gesprochen. Es wurde nie Gott, Göttliches oder Übernatürliches bemüht, weder um Phänomene zu erklären noch als Voraussetzung für irgendeine Form von spiritueller Erfahrung. Die individuelle Deutung und Erklärung, (was für jeden Einzelnen Spiritualität ist), ist kein Wesensmerkmal der Spiritualität selbst.

Das heißt, in welchem Bezugsrahmen wir Spiritualität verstehen (Übernatürliches, menschliches Grundbedürfnis, Bewusstseinsfähigkeit etc.) ist unabhängig von der spirituellen Erfahrung an sich. Sehr wohl aber bestimmt unser Bezugsrahmen, wie wir mit Spiritualität umgehen, welchen Wert und welche Bedeutung wir ihr zumessen und welche Verhaltenskonsequenzen wir daraus ableiten.

Das bedeutet, wenn wir wollen, so brauchen wir weder Gott noch eine Religion um spirituell zu sein. Spiritualität zu erfahren, Spiritualität zu verstehen (erklären) und ein spirituelles Leben führen zu können ist (in unserer Gesellschaft) ein Menschenrecht, frei von Dogmen.

Das bedeutet natürlich keineswegs, dass es in irgendeiner Weise unzulässig sei, seine Spiritualität in religiösen Gemeinschaften und im Rahmen von Gottesvorstellungen zu praktizieren. Jeder darf und soll die Freiheit haben, sich seine Form der Spiritualität frei wählen zu dürfen.

Glaubensfreiheit als die Freiheit, seinen Glauben frei wählen zu dürfen und die Freiheit nicht zu glauben (nicht Glauben zu müssen) ist eine der großen Errungenschaften unserer modernen Kultur! Einschränkung: nur so lange wir diese Freiheit auch allen anderen Menschen zugestehen (und zu den anderen Menschen gehören auch die eigenen Kinder). Es sind jedoch die traditionellen, religiösen Systeme, die immer wieder eine Monopolstellung der Spiritualität für sich reklamieren.

Ausgehend von spirituellen Erfahrungen und Erlebnisberichten habe ich (wie bereits erwähnt) in dem Buch „Aufgeklärte Spiritualität" (Untertitel „Spiritualität ohne Gott") diese aus einer rein menschlichen Sicht (anthropologisch) abgeleitet und in einen Erklärungsrahmen (Bezugsrahmen) gestellt. Wohl weitgehend aus einer Perspektive meiner Profession als Psychotherapeut. Das erklärt meine Betonung von Selbsterfahrung und Selbsterkenntnis.

Ebenfalls von spiritueller Erfahrung ausgehend beschreibt Comte-Sponville aus der Sicht des Philosophen Spiritualität in seinem Buch „Woran glaubt ein Atheist" [4] (mit gleichlautendem Untertitel „Spiritualität ohne Gott", ich kannte das Werk noch nicht, als ich meines verfasste).

Seine Darlegungen, (aus anderer Perspektive und mit anderer Wortwahl), zum Wesen spiritueller Erfahrung stimmen mit denen in diesem Buch überein.

Er fasst die Charakteristika spiritueller Erfahrungen zusammen als:

- Das Mysterium (als das Sein selbst, der „Erfahrung des Seins hinter der Banalität des Seienden" in der mystischen Erfahrung)

- Der Evidenz (das Gewahrsein des allgegenwärtigen Wirklichen jenseits von Denken und Egoismen, „Mysterium und Evidenz sind ein und dasselbe, und das ist die Welt")

- Der Fülle (dem „ozeanischen Gefühl" des alles ist gegenwärtig, da)

- Der Einfachheit (die Erfahrung dass alles da ist hebt jedweden Mangel, jedes Begehren und Wünschen auf, es gibt nur noch einfach Sein ohne Haben „und tief in Ihnen die Freude, ein Teil davon zu sein)

- Der Einfachheit (wenn „die ganze Komödie des Ichs – und Ego ausgeschaltet ist", der Gnade im Moment, indem die Dualität zwischen Tun und Beobachten aufgehoben ist in reinem, klarem Bewusstsein, „eins zu sein mit dem eigenen Bewusstsein")

- Der Einheit (wenn es keine Spaltung, kein Ego mehr gibt und so eins zu sein mit der Welt)

- Das Schweigen (im Unterschied zur Sprachlosigkeit ist „sprechen nicht ausgeschlossen, nur vorübergehend aufgehoben" um zur Stille zu finden)

- Die Ewigkeit (als Erfahrung der Wirklichkeit und Wahrheit der Gegenwärtigkeit)

- Die Gelassenheit (als „In-der-Gegewart-Sein des Bewusstseins und des Ganzen", jenseits von Furcht und Hoffnung)

- Der Annahme (des absoluten Seins, des Wirklichen jenseits von relativierenden Werturteilen)

- Die Unabhängigkeit (als Freiheit und Befreiung durch die Erkenntnis der Wahrheit, jenseits von Ego, Subjekt, Gott oder Herrn)

Solch eine spirituelle Erfahrung ist bedeutsam für das weitere Leben. Nicht selten werden sie als Verbundenheit und umfassende Liebe erlebt. Oft hat sie eine heilsam beruhigende Wirkung angesichts des Todes von geliebten Menschen oder dem Wissen um die eigene Vergänglichkeit. Diese Wirkungen können von allen Menschen erfahren werden, unabhängig von deren Religionszugehörigkeit, Glaubensvorstellungen oder Atheismus.

Vielleicht noch eine kleine Anmerkung zum Begriff Transzendenz

Transzendenz (lateinisch für übersteigen, überschreiten) wird manchmal (wie Mystik oder Spiritualität) als Erfahrung eines Überschreitens zum Göttlichen, Übernatürlichen definiert. Dieses Verständnis von Transzendenz lehne ich ab, da es nicht das Wesen der Erfahrung beschreibt sondern deren Deutungszuschreibung.

Ich verwende den Begriff Transzendenz um damit einen psychischen Vorgang zu bezeichnen, der sich von Integration und Transformation unterscheiden lässt. In diesem Sinne steht:

- Integration (lat. wiederherstellen) für den psychischen Prozess von Eingliederung und Rückgewinnung abgespaltener (dissoziierter) oder neu erworbener ICH Anteilen und Fähigkeiten.

- Transformation (umwandeln, umformen) beschreibt den (psychischen) Vorgang wenn ich mir, für mein Selbst, Neues aus den Vorhandenen Ich Anteilen und Fähigkeiten erarbeite.

○ Transzendenz (überschreiten) hingegen beschreibt den Prozess, wenn ich, z.B. auf Grund einer spirituellen Erfahrung, mein Selbst, über die vorhandene Begrenzung meiner bisherigen Fähigkeiten und Ich Anteile, zu Neuem (Sein, Selbst) „überschreite" und mir dessen gewahr bin.

Zusammenfassung

Spiritualität ist als besondere Erfahrung von spezifischen Formen des Fragens und Erlebens definiert. Diese haben ein konstruktives, entwicklungsförderndes, sinnstiftendes und heilsames Potential, dessen Wirksamwerdung maßgeblich von der individuellen Einschätzung und einem verständnisvoll- wohlwollenden Umfeld abhängig ist.

Gelegentlich kann Spiritualität nur unter Berücksichtigung von Lebenskontext, individueller Bewertung, Bedeutsamkeit und Deutung verstanden werden, wobei die individuelle Deutung kein Wesensmerkmal von Spiritualität ist. Für die Verarbeitung und Wirkung spiritueller Erfahrungen ist der Bezugsrahmen relevant, in dem wir sie deuten und verstehen.

Zwei Universen

Die Frage, wo wir nach Antworten auf unsere existentiellen Fragen suchen sollen, bringt uns zu einer Vorstellung von zwei Welten, die sich als praktisch erwiesen hat. Da fragen sich vielleicht jetzt manche: „Was soll der Unsinn, offensichtlich leben wir alle in einer gemeinsamen Welt!"

Sehr richtig! Es ist bei allen differenzierten Betrachtungen auch sehr wichtig, uns dies ins Bewusstsein zu rufen. Wir leben alle in derselben Welt. Keiner hat seine Privatwelt, oder eine auf Vorrat, eine Ersatzwelt, zu der er/sie fliehen kann, wenn diese zugrundeg gehen sollte. Doch wie eine Münze zwei (verschiedene) Seiten hat und doch immer nur eine ganze Münze bleibt, egal von welcher Seite wir sie betrachten, so macht es Sinn, zwischen einer inneren und äußeren Betrachtungsweise von uns in der Welt zu unterscheiden.

Auf diese Weise können wir zwei, möglicherweise gleich große Universen entdecken: das Innere und das Äußere. Genauso wie wir mit Teleskopen und manchmal mit Raumschiffen zu weit entfernten Planeten, Sternen und Galaxien des äußeren Universums vordringen, so können wir mittels „Innenschau" die unermesslichen Weiten, Räume und Vielheit unseres inneren Universums erforschen. In beiden können wir „in unendliche Weiten vordringen, die noch nie zuvor ein Mensch gesehen hat" wie es im Vorspann zu der Science Fiction Serie „Raumschiff Enterprise" in den 1960ern geheißen hat.

Wie die Crew der Enterprise (engl. für Unternehmen, Initiative) können wir Neues entdecken, unser Wissen und unser Selbst – Bewusstsein erweitern. Besondere Erfahrungen lehren und fördern Entwicklung. Glück, Schönheit und manchmal vielleicht auch Gefahr und Angst gilt es zu meistern, um die eine oder andere Antwort zu entdecken und möglicherweise darin Sinn zu erfahren. Wenn wir in Frieden und Wohlwollen, mit guten, verlässlichen Weggefährten unterwegs sind, was soll uns da (noch) schaden können?

Das erklärt aber noch nicht, warum diese Unterscheidung in zwei Welten so wichtig ist. Prinzipiell ist dem westlichen, in christlich-jüdisch-moslemischer Glaubenswelt aufgewachsenen Menschen, eine Zweiteilung vertraut. Da gibt es den Körper als sündiges, materielles Fleisch und die unsterbliche, ewige, immaterielle Seele.

Eine davon abgewandelte Form finden wir in der medizinischen Vorstellung von Psychosomatik. Ein materieller, physischer Körper steht einer immateriellen Psyche gegenüber, oder eben mit dieser in Verbindung. Das neue Verstehen des Menschen als psychosomatische Einheit (bio-psycho-soziales Modell[8/9] wie es modern genannt wird) hat bedeutsame Fortschritte und Verbesserungen in dem Verständnis und der Behandlung von Krankheiten gebracht.

Meine Vorstellung vom Menschen definiert, wie ich meinem Mitmenschen begegne, (und ihn „behandle"):

- Ist der Mensch vor allem unsterbliche Seele, die es vor der ewigen Verdammnis zu retten gilt, so wird alles Weltliche und Körperliche ziemlich unbedeutend.

- Ist der Mensch für mich eine organische Maschine, die ausschließlich nach neurophysiologischen und biochemischen Gesetzmäßigkeiten *funktioniert*, brauche ich auf psychische Faktoren keinerlei Rücksicht nehmen.

- Ist der Mensch für mich vor allem ein geistiges Wesen, ewiges Bewusstsein das ohnehin nur kurzzeitig, *vorübergehend* in einem Körper *manifestiert* ist, laufe ich Gefahr, die Leiblichkeit unseres Mensch-Seins zu verlieren.

Im Bemühen, den Menschen als Ganzheit zu fassen drückt sich die Absicht aus, ihm seinem Wesen gemäß, in Respekt und Würde, zu begegnen. Auch wenn wir alle Teile dieser Ganzheit Mensch vielleicht nie vollständig erfassen werden, so lassen sich einige Wesensmerkmale gut beschreiben:

- Der Mensch als biologisches, körperliches Wesen
- Der Mensch als psychisches, denkendes, fühlendes, wollendes, wünschendes, träumendes, phantasierendes Wesen

- Der Mensch als leibliches Wesen, in dem psychisches und physisches einander untrennbar bedingen, (indem alles Psychische sich körperlich ausdrückt und umgekehrt, alles Körperliche seine psychische Parallele hat)
- Der Mensch als soziales Wesen in seinen mannigfachen Beziehungen und Beziehungsstrukturen
- Der Mensch als kulturelles Wesen, eingebunden in ein historisch gewachsenes Gefüge
- Der Mensch als spirituelles Wesen, verbunden, sinnerfüllt, nach Entwicklung strebend

In der Philosophie wird von „Sinnfeldern"[14] gesprochen, um Ebenen, (Fach)Gebiete und Teilbereiche zu bezeichnen, deren Inhalte sinnvoll miteinander verbunden sind, in Beziehung zueinander stehen. Als „falsche Verortung" wird bezeichnet, wenn die Erkenntnisse, Regeln und Gesetzmäßigkeiten irrtümlich (und falsch) von einer Sinnebene auf eine andere übertragen werden. Diesem Phänomen werden wir weiter unten als Verwechslung von Innen und Außen begegnen.

Warum wird in der „Aufgeklärten Spiritualität" der Mensch wieder in zwei Dimensionen aufgeteilt? Noch dazu, wo doch die Erfahrung von Ganzheit und Verbunden-Sein, Eins Sein, einer der positiven, erwünschten Effekte spiritueller Suche und Praktiken ist?

Dafür gibt es zwei gute Gründe

1. Wir können Ganzheit weder sprachlich noch kognitiv erfassen. Das hängt miteinander zusammen. So eigenartig es klingen mag, aber wir haben kein zutreffendes, „richtiges", Wort für „Ganzheit", „Alles", „überhaupt Alles", „umfassende Ganzheit", „alles einschließende Ganzheit" usw. Wir können die Aneinanderreihung von Eigenschaftswörtern beliebig fortsetzen, wir *„wissen"* irgendwie, was gemeint ist, haben eine vage Ahnung oder entsprechende Erfahrung, doch bei den Wörtern wird es schwierig und holprig.

Noch komplizierter (und komplexer) wird die ganze Sache, wenn wir noch die Vorstellung von Leere, als Nichts, mit aufnehmen. Auch Leere kann, wie Ganzheit, spirituelle Erfahrung sein.

Wie sollen wir das aber (kognitiv) *verstehen*? Ist die Leere Teil der Ganzheit, damit diese auch wirklich umfassend ganz ist, oder die Ganzheit aufgelöst im Nichts, damit diese auch wirklich leer ist? Vermutlich gibt es keinen Menschen der sich Nichts und Ganzheit tatsächlich *vorstellen* kann.

2. Das verdeutlicht die Wichtigkeit spiritueller Erfahrung, denn in dieser ist uns Ganzheit und Leere zugänglich und kann als Einheit (Ganzheit = Leere) erfahren werden. Es veranschaulicht auch die Notwendigkeit, sinnvolle Einteilungen vorzunehmen, um uns besprechbar und behandelbar zu „machen".

Im Alltag ist dieses Unvermögen auch nicht weiter schlimm. In der Mathematik haben wir gelernt gut damit zu leben. So verwendet jeder das Nichts, die Null, und spätestens nach der Grundschule lernen unsere Kinder mit „unendlich" als Zeichen erfolgreich zu rechnen.

3. Es ist von immenser Bedeutung für Selbsterkenntnis, Selbsterfahrung und Spiritualität zu verstehen, dass in diesen beiden Universen *unterschiedliche Gesetzmäßigkeiten* gelten; wo und wie sie sich berühren und welches Leid aus Verwechslungen resultieren kann. Nur durch dieses Verständnis können wir besondere Erlebnisse konstruktiv integrieren und verarbeiten.

Worin unterscheiden sich diese beiden Universen?

Bei aller Unterschiedlichkeit stellt sich doch die Frage: Stehen diese beiden Universen völlig isoliert, wie zwei Dimensionen, ohne jedwede Verbindung nebeneinander? Wir werden sehen, dass es Verbindungsebenen, Gemeinsamkeiten und Berührungspunkte gibt.

Doch weil die Verschiedenheit der Gesetzmäßigkeiten so bedeutsam ist und Verwechslungen zu viel Leid führen können, ist es wichtig, diese Unterschiede zumindest zu wissen, selbst wenn wir sie nicht wirklich verstehen (erkennen) sollten.

Die Universen unterscheiden sich jedenfalls in:

- Zeit
- Raum
- Ursache und Wirkung
- Physik
- Existenz
- Lebendig sein
- Tod, Sterben

Zeit

Außenwelt

In unserem Alltag ist Zeit etwas Selbstverständliches, Konstantes und universal Gültiges. Wo immer wir uns befinden, eine Stunde ist mit sechzig Minuten immer gleich lang. Wir tragen sie mit uns am Handgelenk und am Handy, alle paar Minuten wird sie im Radio verkündet. Wir teilen die Zeit in noch zu kommende Zukunft, bereits vollzogene Vergangenheit und Gegenwart, in der wir uns permanent befinden, dem Hier und Jetzt des „immerwährenden" Augenblicks.

Wir träumen oder hadern mit der unwiederbringlich vergangenen Vergangenheit, hoffen oder fürchten die offenen Möglichkeiten der Zukunft und leben doch immer in der Gegenwärtigkeit. Auch wenn hier schon ein wenig Mystik anklingen mag, Zeit ist für uns eine vertraute, verlässliche konstante Größe, von unserer Geburt bis zu unserem Ableben. Zeitliche Orientierung ist ein Zeichen psychischer Gesundheit.

Innenwelt

Ganz anders verhält es sich in der Innenwelt. Zeit ist hier keine Konstante, weder was die Dauer betrifft, noch die Abfolge von Gegenwart, Vergangenheit und Zukunft. Vielleicht kennen sie das Phänomen beim Aufwachen, wenn der Wecker läutet und sie das Geräusch in einen hochkomplexen, ausführlichen Traum einbauen. So können sie in wenigen Sekunden eine ganze Geschichte erleben, ein zeitlicher Ablauf, der in der äußeren Welt Stunden dauern würde und selbst zum Erzählen Minuten in Anspruch nimmt. In der Innenwelt hingegen können wir in wenigen Minuten „vor unserem inneren Auge" komplexe Handlungen sehen und erleben. Manchmal wird das ganze Leben als Rückblick so in wenigen Sekunden erfahren. Doch damit nicht genug, Vergangenheit, Zukunft und Gegenwart scheinen in der Inneren Welt mitunter nicht getrennte, unüberbrückbare Größen zu sein. Manchmal fallen sie „zusammen", dann erleben wir längst Vergangenes oder möglich Zukünftiges als genau Gegenwärtiges, mit der Sicherheit des Hier und Jetzt, des momentanen Augenblicks. Zeit als konstante, universale Größe löst sich im inneren Universum völlig auf.

Raum

Außenwelt

Raum ist, wie Zeit, eine sehr vertraute und konstante physikalische Größe, ob wir die Distanz zwischen zwei Orten angeben oder den Raum, in dem wir uns ständig bewegen. Um von einem Ort an den anderen zu gelangen, müssen wir eine Distanz zurücklegen und das erfordert immer Zeit. Länge mal Breite mal Höhe für Raum, wird uns aus der Schulzeit noch in Erinnerung sein. Uns ist klar, dass wir weder gleichzeitig an zwei Orten sein können noch, dass zwei Objekte gleichzeitig denselben Raum einnehmen können. Ersteres würden wir uns wohl gelegentlich wünschen, wenn Pflicht und Vergnügen sich zeitlich nicht vereinbaren lassen, Letzteres erfahren wir leidvoll, wenn beim Autofahren zwei Fahrzeuge ineinander krachen.

Innenwelt

All dies gilt nicht in der Innenwelt. Dort können wir, ohne zeitliche oder räumliche Distanz, augenblicklich von einem Ort zum anderen wechseln. Wir können uns gleichzeitig an einem oder mehreren unterschiedlichen Orten befinden, (geborgen, als Embryo im Mutterleib und gleichzeitig als Raumfahrer in den unendlichen Weiten des Universums schwebend). Der Raum um uns und wir in ihm können sich in völliger Leere, im Nichts, auflösen. Wir können gleichzeitig mehrere sein, Ich und meine Mutter, mein Vater, Ich und Menschen vergangener Epochen, ich und ein Tier, oder wir wechseln diese Identitäten von einem Augenblick zum nächsten. Raum und Distanz sind dabei keine relevanten Größen.

Ursache und Wirkung

Außenwelt

Eine wesentliche physikalische Gesetzmäßigkeit ist die von Ursache und Wirkung. Das besagt, dass jede Wirkung auf eine Ursache zurückgeführt werden kann. Für jedwede Erscheinungsform gibt es diese erklärenden Verursachungen. Das entspricht zu hundert Prozent unserer Alltagswahrnehmung, (Apfel am Kopf > Ursache

Schwerkraft, Auto-Karambolage > Ursachen glatte Schneefahrbahn und zu schnelle Geschwindigkeit usw.). Alles ist durch eine Ursache bedingt. Oft durchblicken wir Menschen nicht mal im Ansatz die Komplexität und das Zusammenspiel von Ursachen.

Ein beeindruckendes Beispiel dafür ereignete sich in den 1950er Jahren in China. Da wurde dem damaligen unumschränkten Alleinherrscher Mao Zedong vorgerechnet, wie viel Reis und andere Lebensmittel die Millionen von Spatzen im Jahr verzehren. Nahrungsmittel, die der Hunger leidenden Bevölkerung abgingen. Ein klarer Ursache – Wirkungszusammenhang: Viele Spatzen führen zu fehlendem Essen.

Logische Konsequenz: Keine Spatzen und es bleibt genug zu essen. Darum wurde eine kolossale Jagd auf Spatzen in ganz China ausgerufen. Diese Vögel wurden als „Schädlinge", die fressen ohne zu säen und zu ernten, verfolgt und vernichtet. In der Folge wurden die Spatzen im ganzen Land fast ausgerottet. Unglaublich, welcher Energieaufwand in dieser Aktion gebunden war, welch zeitliche und ökonomische Ressourcen vertan wurden. Diese kollektive Massenjagd hatte vollen Erfolg. Als die Spatzen weg waren, bemerkte man aber schnell, dass diese nicht nur Samen und Körner fressen, sondern auch Insekten und Schädlinge der Landwirtschaft. Die Folgewirkung: Diese Insekten vermehrten sich ungezügelt und verursachten einen wesentlich größeren Schaden in der Landwirtschaft als alle Spatzen zusammen. Letztendlich mussten Spatzen in großem Umfang aus dem Ausland importiert werden, um sie wieder in den verschiedenen Gegenden Chinas anzusiedeln.

Und wer jetzt glaubt, dass solcher Unsinn nur früher, oder „weit-weit weg" geschehen kann, braucht nur in unseren Tageszeitungen nachzulesen. Die Physiker haben ein schönes Bild für die Vielschichtigkeit ursächlicher Zusammenhänge und die Schwierigkeit für uns Menschen, diese zu erfassen. Physikalisch gesehen sind Ursachen so komplex, dass ein Flügelschlag eines Schmetterlings im Amazonasurwald als Ursache eines Tornados auf der anderen Seite der Welt gesehen werden kann[19].

Wie unüberschaubar auch die Zusammenhänge sein mögen, das Gesetz von Ursache und Wirkung bleibt dabei jedoch für die äußere Welt gültig.

Innenwelt
Wie nicht anders zu erwarten gilt diese Gesetzmäßigkeit für die Innenwelt genauso wenig wie alle zuvor schon besprochenen. Ereignisse scheinen ohne jedwede Ursa-

che zu geschehen, andere bedingen sich offensichtlich, obwohl sie nicht in ursächlichem Zusammenhang stehen. Zeitweise scheinen die Gesetze von Zauberei und Magie zu gelten. Dinge erscheinen aus dem Nichts oder lösen sich einfach im Nichts auf.

Physik, Energie

Außenwelt

Neben den Größen Raum, Zeit, Ursache/Wirkung gibt es eine Reihe von physikalischen Gesetzmäßigkeiten, die unseren Alltag prägen. Energie ist physikalisch eindeutig als messbare Größe definiert. Sie bewegt unser Auto ebenso wie unsere Muskeln. Seit Isaak Newton „der Apfel auf den Kopf" fiel, umgibt uns die Schwerkraft. Wo immer mir auf der Welt ein Glas aus der Hand rutscht, es wird immer zu Boden fallen.

Aus dem Physikunterricht erinnern wir uns vielleicht noch vage an die Gesetze der Thermodynamik, den Energieerhaltungssatz, das Trägheitsgesetz und die Unvereinbarkeit von Welle und Teilchen. Die Dinge sind nun mal eben so, wie sie sind, ein Glas ist ein Glas, ich bin ich usw.

Innenwelt

In der Innenwelt haben die Gesetze der Physik keinerlei Bedeutung. Im inneren Universum können wir nie mit Sicherheit sagen, wohin sich das Glas bewegen wird, wenn es uns aus der Hand rutscht. Wir können nicht einmal davon ausgehen, dass es ein Glas bleibt und sich nicht in irgendetwas anderes verwandelt, völlig unabhängig von Energieerhaltung und Trägheit.

Alles, mich eingeschlossen, kann sich in alles verwandeln. Ich kann mich in Aspekte meines Unbewussten, in Tiere, andere Wesen, reine Energie verwandeln, mich in meiner Kindheit oder der möglichen Zukunft als alter Mensch befinden, es scheint keine Einschränkungen zu geben.

Apropos Energie, nicht nur, dass ich mich in jedwede Form von Energie verwandeln kann, sie begegnet mir auch auf unterschiedlichste Art und Weise, sei es als Lebensenergie, Wesen alles Lebendigen, als individuelle Energie meines Lebendig-seins, allumfassendes Energieprinzip, göttliche Energie, Energiesog, Energiewesen usw.

Existenz

Außenwelt

In der Regel sind wir uns, vor allem im Alltag, doch ziemlich einig, was existiert und was es nicht „wirklich" gibt. Da leben wir alle in derselben Welt. Das ist sehr erfreulich, Flugzeuge fliegen überall, der Tisch trägt unsere Speisen, der Sessel uns. Wenn etwas nicht funktioniert wissen wir, dass wir es zu reparieren haben. So wie wir uns auf die Physik verlassen können und für Taucher wie Segelflieger auf der ganzen Welt die gleichen Gesetze gelten, so sind Menschen, Tiere und Umwelt bei aller Unterschiedlichkeit doch rund um den Erdball verlässlich existent. „Da ist", was wir mit unseren Sinnen erfassen, „be-greifen" können oder mit unseren Messinstrumenten darstellen und abbilden, was wir beobachten, objektivieren und beschreiben können.

Innenwelt

Diesen Einschränkungen unterliegt das innere Universum nicht. Was uns im Inneren begegnet ist logischerweise individuell, subjektiv, manchmal unbeschreibbar, nicht mit Worten zu fassen. Es kann einzigartig und einmalig, unwiederholbar in Erscheinung treten – von reiner Energie, Energiewesen bis zu bekannten Figuren aus Mythologie, Märchen- und Sagenwelt, Literatur und Geschichte(n), es gibt keine Eingrenzung. Dabei kann ich diesen Wesenheiten wie in einem Film als Beobachter begegnen, oder mit ihnen im Gespräch, in Kontakt sein, wie mit meinem Nachbarn oder Freund. Ich kann mit ihnen „Rollen" tauschen und zu ihnen werden, ich kann eine tiefe Verbundenheit zu ihnen fühlen oder mit ihnen verschmelzen, eins werden, oder sogar in ihnen „aufgehen", mich im Größeren auflösen.

Lebendig Sein

Außenwelt

In der Biologie ist die Frage, was lebendig ist, als Flora und Fauna, (Pflanzen, Tiere und Mensch), klar definiert und eindeutig von unbelebter Natur (Erde, Wasser, Steine, Feuer, Asche, Metalle usw.) abgegrenzt.

Innenwelt

Wie schon bei den physikalischen Größen zuvor trifft diese Unterscheidung in keinster Weise im inneren Universum zu. Hier kann auch die unbelebte Materie lebendig in Erscheinung treten, mit allen Fähigkeiten ausgestattet (z.B. zu kommunizieren), die Leben ausmachen. Manchmal ist es eine Erfahrung von umfassendem „beseelt" Sein aller Dinge, sodass sie nicht nur aus denselben Materialien, Molekülen und Atomen bestehen wie wir, sondern alles auch eine gemeinsame „Lebendigkeit" als „Weltenseele" verbindet.

Leben und Tod

Außenwelt

Nur wenige Dinge sind so eindeutig, wie die Tatsache ob jemand lebt oder bereits tot ist. Vielleicht nicht im akuten Augenblick des Sterbens, aber nach wenigen Stunden, maximal Tagen wissen wir in der Regel, dass jemand gestorben ist. Tot ist, wer nicht mehr ins Leben zurück kommt. Der Körper des Toten löst sich, entsprechend den Gesetzen der Biophysik, in andere Zustände auf. Er wird zu Erde, Asche oder Staub und die Moleküle und Atome finden sich zu Neuem zusammen. Zu einem jedoch wird er sicher nicht, zu diesem ehemaligen Lebenden.

Ob und wohin die Lebensenergie, das Bewusstsein oder die ewige Seele entweichen, mag jeder glauben wie er/sie belieben. Jeder Mensch (jedes Leben) ist einmalig, mit zeitlichem Ablaufdatum. Niemand lebt oder stirbt als genau dieselbe Person zwei Mal. Das trifft sogar zu, wenn wir an Seelenwanderung und Wiedergeburt glauben sollten.

Innenwelt

Wie zu erwarten ist es hier vollkommen anders. Die Erfahrung von Leben und Sterben, Tod und Wiedergeburt, ist bei spirituellen Erlebnissen gar nicht so außergewöhnlich. Da mag der Phönix sich in voller Pracht aus seiner Asche erheben. Wenn wir diesen Vorgang als Transformationsprozess verstehen, wobei Altes, Überholtes, Schädigendes, losgelassen, aufgelöst, verabschiedet werden muss, um Platz, Energie und Raum für Neues zu ermöglichen, verliert die Vorstellung von Tod und Sterben etwas von ihrem Schrecken.

Wenn wir erkennen, dass Leben und Sterben sehr mächtige, einprägsame Symbole sind für Entwicklungsprozesse, Persönlichkeitsentfaltung, Bewusstsein, Sinnfindung und Ausdruck von Reifung und Lebendigkeit, verliert diese Vorstellung weiter an Angst und Entsetzen. Können wir darüber hinaus Leben und Sterben in der Innen wie Außenwelt als zutiefst sinngebende, natürliche und gewöhnliche Bedingung und Voraussetzung für Leben an sich verstehen – begreifen – so mag auch der letzte Rest von Angst und Schrecken weichen.

Gemeinsamkeiten der Universen, was gilt für Beide

Die vielleicht bedeutsamste Gemeinsamkeit ist, dass beide Universen real sind und alle Erscheinungen und Phänomene in der jeweiligen Welt wirklich existieren. Beides sind Universen, die wir wohl nie bis in den letzten Winkel erforschen werden, in denen immer etwas geheimnisvoll und offen bleiben wird.

Beide sind, solange wir leben, untrennbar miteinander verbunden. Es sind Teile unserer Ganzheit, es gibt das eine nicht ohne das andere. Es zeichnet uns als menschliche Wesen aus, dass wir immer und zu jeder Zeit, gleichzeitig in beiden leben. Beide sind für ein gesundes, erfülltes Leben bedeutend.

Um die untrennbare Verbundenheit der beiden Universen besser zu begreifen, mag die Analyse der Berührungspunkte hilfreich sein.

Berührungsebenen der Universen

Wo aber berühren sich diese beiden Universen? Wo sind die Welten in Kontakt? Das ist eine Frage der Perspektive:

○ Aus Sicht der *Außenwelt* können wir die Kontaktebene in der Quantenphysik[26] vermuten. In der Quantenphysik lösen sich die vertrauten Sicherheiten der Regeln und Alltagserfahrung physikalischer Gesetzmäßigkeiten auf und beginnen denen der Innenwelt zu ähneln. Ein und dasselbe Licht ist plötzlich vom (Bewusstseins-) Zustand des Beobachters abhängig, ob es als Welle oder Teilchen in Erscheinung tritt (Komplementarität). Unschärferelation und Wahrscheinlichkeitswelle besagen, dass Objekte nicht mehr an einen Ort und Zeitpunkt gebunden sind (Nicht-Lokalität); dass die ganze Information holografisch in Allem ist oder ohne Übertragung, augenblicklich, irgendwie übermittelt wird. So faszinierend diese Thematik der Quantenphysik auch sein mag, sie ist nicht „unser Fachgebiet". Diese Vergleiche sollen (hier und im Weiteren) lediglich zur Veranschaulichung der Überlegungen dienen.

○ Aus Sicht der *Innenwelt* können wir die Kontaktebene in unseren Beziehungen, unserem Bezogen – Sein zum Anderen und der Umwelt erkennen;

in der Art und Weise, wie wir unsere Beziehungen gestalten, zu Liebespartner, Kindern und Familie – Arbeitskollegen, guten und beiläufigen Bekannten – Freunden und Feinden. Beziehung ist aber nicht nur beschränkt auf die Menschen, denen wir im Laufe unseres Lebens begegnen, sondern umfasst ganz allgemein unser „In der Welt Sein", unser Verhalten und Verhältnis zu Umwelt, Tieren, Pflanzen, der Natur. In unseren Beziehungen spiegelt sich unsere Innenwelt in unserer Außenwelt.

Berührungspunkte Physik, Raum, Zeit

Außenperspektive

Albert Einstein[28], Nobelpreisträger und Genie hat mit der Relativitätstheorie ein Konzept formuliert, in dem Zeit und Raum keine konstanten Größen mehr sind, sondern sich relativ zur Geschwindigkeit verhalten. In der Quantenphysik kennt man Phänomene, wo ein Teilchen gleichzeitig an zwei verschiedenen Orten in Erscheinung tritt; oder wie Information ohne Überwindung der räumlich, zeitlichen Distanz, ohne Übermittlung augenblicklich an verschiedenen Orten auftritt. Im „Quantenuniversum" gelten die traditionellen Gesetze der Thermodynamik nicht.

Innenperspektive

Raum, Distanz und Zeit werden im Alltagserleben immer dann relativ, wenn unsere Gefühlswelten beginnen sie „einzufärben". Jeder von uns weiß, dass eine Stunde Warten auf seinen Liebsten und eine Stunde Zusammensein zwei vollkommen verschiedene Größenordnungen darstellen und zeitlich kaum miteinander vergleichbar sind.

Berührungspunkte Ursache/Wirkung

Außen

Wieder finden wir einen Berührungspunkt von außen in der Physik: die nach ihrem Entdecker, dem deutschen Physiknobelpreisträger Werner Heisenberg benannte Heisenbergsche Unschärferelation.Sie besagt, dass gewisse Teilchen nicht in Raum und Zeit eindeutig lokalisiert werden können. Ein Umstand, der mit unserem Alltagsverständnis unerklärlich ist, weil wir alles immer zeitlich und örtlich bestimmen können.

Du liest gerade diese Zeilen um diese Uhrzeit und an diesem Ort. Du kannst weder zeitlich noch örtlich gleichzeitig wo anders sein. Diese Gesetzmäßigkeit, wir haben sie schon oben für Zeit und Raum diskutiert, ist Voraussetzung für das Prinzip von Ursache und Wirkung. Wir können nicht gleichzeitig als Lenker eines Fahrzeuges einen Unfall verursachen und zuhause vor dem Fernseher sitzen.

Innen

Der berühmte Psychiater und Psychologe Carl Gustav Jung[18] hat in Zusammenarbeit mit dem österreichischen Nobelpreisträger für Physik Wolfgang Pauli das Phänomen der Synchronizität[10] beschrieben. Dieses besagt, dass bestimmte Ereignisse, die in der Äußeren Welt keinen Ursache-Wirkungs- Zusammenhang haben, also rein zufällig zugleich auftreten, in der Innenwelt einen für den Menschen eindeutigen Ursache-Wirkung- Zusammenhang aufweisen. Bekannt ist vielleicht das „Telefon Phänomen". Man/frau denken an einen bestimmten Menschen und der ruft genau in diesem Moment an.

Wenn wir äußere Ursachen „eins zu eins" mit inneren Wirkungen in Verbindung bringen, wird es in der Regel schwierig:

Äußere Ursache	*Innere Wirkung*
lärmende Kinder	Ärger
nerviger Job	Trübsinn
ungerechte Behandlung	Hass
Glück im Lotto	positives Denken

In der Regel können wir äußere Probleme nur im Außen lösen und innere nur in der Innenwelt. Dennoch wissen wir, dass wir eine Einheit sind, gleichzeitig in beiden Welten, dass wir sie also nicht vollkommen isoliert und losgelöst voneinander behandeln können. Natürlich beeinflussen sie einander, aber eben nicht in einem einfachen Ursache-Wirkungs-Zusammenhang. Auf die Gefahren bei einer Verwechslung von Innen und Außen wird noch genauer eingegangen.

Berührungspunkte Existenzen

Außenperspektive

In den Grenzbereichen der Wissenschaften wird versucht, die Grenzen unserer Existenz auszuloten. Wie schon mehrmals erwähnt in der Physik mit der Relativitäts- und Quantentheorie. Experimentell wird in der Parapsychologie versucht, Unfassbares wissenschaftlich zu erfassen, geistig in der Philosophie durch die Metaphysik. In der Esoterik werden, ökonomisch sehr erfolgreich, äußere und innere Welt ineinander verwoben. Ein wesentliches Charakteristikum der Außenwelt ist ihre Stabilität und Vorhersagbarkeit aufgrund der Allgemeingültigkeit der Naturgesetze, die wir konstant durch unsere Sinnesorgane wahrnehmen. Das vermittelt Sicherheit, wir können uns auf die Dinge die existieren verlassen. Wenn unsere Wahrnehmung manipuliert wird, beginnt diese Sicherheit zu kippen. Am effizientesten geschieht dies wohl durch gewisse Medikamente und Drogen.

Sehr eindrucksvoll sind auch künstlerische Darstellungen wie die Bilder von Escher, z.B. jenes, in dem Menschen eine anscheinend endlose in sich geschlossene Treppe immer nach unten gehen. Durch die optische Täuschung vermittelt der Künstler den Eindruck, dass die Treppe ausschließlich nach unten führt, dann aber wieder am Ausgangspunkt ankommt. Ein anderes Beispiel sind die Kippbilder, in denen, je nach Betrachtung, einmal eine alte, dann eine junge Frau zu sehen sind, oder eine Vase sich mit zwei Gesichtern abwechselt.

Innenperspektive

Vielen Menschen scheint es ein großes Vergnügen zu bereiten, Innen und Außenwelt zu vermischen. Das mag den Erfolg von Fantasy, Science Fiktion und Mystery in Romanen und Verfilmungen erklären (von Comic-Superhelden und Zauberern wie „Harry Potter", literarisch etwa „Sofies Welt"[13] oder „Kafka am Strand"[24]).

Eine Form, wie versucht wird, aus der Innenperspektive auf die Erscheinungen der Außenwelt zu schließen, können wir in den Traditionen des Schamanismus[37] sehen oder den Schlussfolgerungen der großen Religionsgründer aus ihren mystischen Erfahrungen. Hier wurden aus inneren Erfahrungen konkrete Erscheinungen und Konsequenzen für die Außenwelt formuliert.

Eine seit langem bekannte, spektakuläre Methode unsere Sinne zu täuschen ist die Hypnose[23]. Mittels eines sogenannten posthypnotischen Befehls kann dem Hypnotisierten weisgemacht werden, dass er einen Apfel isst, obwohl ihm eine Zitrone gegeben wird. Vielleicht könnte eine optische Täuschung noch erwartet werden, da der Hypnotisierte tatsächlich einen Apfel zu sehen scheint, statt der realen Zitrone. Auch seine taktilen Empfindungen in der Hand können diesen Irrtum nicht wahrnehmen.

Überraschen mag aber, dass der Hypnotisierte nicht einmal dann den Unterschied erkennt, wenn er die Zitrone als vermeintlichen Apfel zu essen beginnt. Erst wenn dieser hypnotische Befehl aufgehoben wird, erkennt das „Versuchskaninchen" den Irrtum augenblicklich und spuckt die Reste der Zitrone umgehend aus.

Berührungspunkte für Leben und Tod

Außenperspektive
Die Definition von Lebewesen ist nur scheinbar eindeutig, so beschäftigt Biologen die Frage, ob ein Virus nun ein Lebewesen ist oder nicht. Für uns Menschen wird die Unterscheidung zwischen Leben und Tod noch schwieriger, zum Beispiel im Zuge von Organtransplantationen, wo einem toten Menschen ein lebendiges Organ entnommen wird, um es einem anderen lebenden Menschen zu implantieren. Weiters bei der Frage lebenserhaltender Maßnahmen: ab wann wird da ein „Toter am Leben erhalten"?

Ich kann mich noch gut daran erinnern, als meine Großmutter vor vielen Jahren nach einem Schlaganfall auf der Intensivstation lag. Wir, die engste Familie, wurden vom Arzt zu einem Gespräch gebeten. Oma war an die Herz-Lungenmaschine angeschlossen. Ihre Haut fühlte sich auffallend kühl an. Der Arzt meinte mit ernster Miene, dass entsprechend der Befunde unsere Großmutter bereits bei der Einlieferung in das Spital verstorben war. Nun würde nur mehr „Luft in eine tote Hülle" gepumpt. Das könnte noch länger so erfolgen, würde aber weder medizinisch noch menschlich Sinn machen. Mit unserem Einverständnis schaltete er die Maschine ab, und Oma lag mit entspanntem Gesicht und ganz kalter Haut im Bett.

Innenperspektive
Diese Frage kann über die inzwischen zahlreich vorliegenden und beforschten Berichte von Menschen beantwortet werden, die aus dem Zustand von klinischem Gehirntod[31] wieder erwachten. Jene Menschen berichten anschaulich von Erfahrungen,

wie wir sie aus der Innenwelt kennen: Veränderung von Raum und Zeit, Begegnung mit Verstorbenen, Lichtenergie, umfassende Liebe usw.

Darüber hinaus können sie aber auch Beobachtungen aus der Außenwelt, wie Inhalte von Gesprächen anwesender ÄrztInnen und PflegerInnen, Maßnahmen die an ihrem Körper zur Wiederbelebung durchgeführt wurden und das Aussehen des Operationsraumes beschreiben. Diese Erlebnisse in Innen und Außenwelt dürften eigentlich, wegen des Gehirntodes zu diesem Zeitpunkt, nicht möglich sein.

Veranschaulichungsbeispiele

Der fundamentale Unterschied in den Gesetzmäßigkeiten der beiden Universen mag als Begründung reichen, warum es so wichtig ist, zwischen ihnen zu unterscheiden. Dieses Wissen soll einerseits helfen, sich in den Welten zurechtzufinden (schließlich leben wir in beiden), andererseits soll (durch Wissen) Spiritualität im Sinne eines Entwicklungsweges gefördert werden (um zur Erkenntnis zu gelangen).

Vor allem soll es uns aber unterstützen, den möglichen Phänomenen möglichst angstfrei zu begegnen. In der äußeren Welt mag die Vorstellung, einen eben verstorbenen Verwandten zu treffen und mit ihm zu sprechen, eher beängstigend sein. Wenn wir aber wissen, dass solche Erfahrungen in der Innenwelt nichts Außergewöhnliches sind, sondern in dieser Lebenswelt normal, sozusagen eine selbstverständliche Erfahrungsmöglichkeit darstellen, so mag dies helfen und ermöglichen, mit Neugierde und Erfahrungsbereitschaft diese Phänomene zuzulassen, statt sie aus Angst zu bekämpfen.

Dazu ein Beispiel, das mir eine Freundin vor einigen Jahren erzählte. Ihre Mutter war, für alle überraschend, plötzlich verstorben. Bereits kurz nach dem Begräbnis bemerkte sie, wie ihre Mutter immer wieder um sie „anwesend" war. Begonnen hatte es mit ungewöhnlichen Ereignissen und Zufällen, mit denen die Mutter auf ihre Anwesenheit „aufmerksam" machte. Sie spürte sehr deutlich, wenn die Mutter zugegen war. Mittels ihrer Gedanken konnte sie mit der Mutter auch in gewisser Weise kommunizieren.

Zu ihrer großen Überraschung bestätigten sogar ihre Kinder diese „Anwesenheit" der Großmutter. Diese Erfahrungen waren für sie eine große Hilfe im Verarbeiten des Trauerprozesses. Es gab ihr Vertrauen und Sicherheit, den Alltag, nun ohne realer Unterstützung der Mutter zu meistern, da die ganze Familie ein sehr enges, vertrautes Verhältnis zur Verstorbenen gehabt hatte. Sie fühlte sich und ihre Familie von ihrer Mutter bewacht, beschützt und wohlwollend umsorgt.

Dies alles half ihr sehr in den ersten Wochen und Monaten, wobei sich diese Präsenz der Mutter mit der Zeit verringerte, aber nie ganz verschwand. Nach etlichen Monaten, als das Familienleben sich wieder eingespielt hatte und ein „normaler" Alltag eingekehrt war, spürte meine Freundin die Anwesenheit der Mutter immer noch. Nun aber fühlte sie sich zunehmend beobachtet, kontrolliert und überbehütet. Sie hatte deutlich die Gewissheit, dass es jetzt an der Zeit war, ihre Mutter loszulassen und zu verabschieden. Aber auch umgekehrt sollte sich die Mutter von der Tochter lösen. Sie nahm sich Zeit, setzte sich bei Tee, schöner Musik und Kerzenschein mit ihrer Mutter zusammen und führte geistig mit ihr ein „Gespräch von Tochter zu Mutter", indem sie der Mutter erklärte, nun auch ohne ihre Hilfe im Leben zurecht zu kommen und ihre Präsenz und Fürsorge nicht mehr zu benötigen.

Sie könne auf die Unterstützung ihres Mannes vertrauen und auf seine und der Kinder Liebe. Sie sei jetzt eine starke Frau, die ihr Leben eigenverantwortlich meistern werde. Mit diesen Gedanken ließ sie ihre Mutter innerlich los. Sie fühlte nochmals überdeutlich ihre Anwesenheit, ihre Zustimmung und ihr Vertrauen in sie. Es war als würde die Mutter sie umarmen und entschwinden. Seit damals kam es zu keinen neuerlichen Erscheinungsphänomenen.

In diesem Trauerprozess sind in bestimmten Situationen Innen- und Außenwelt als spirituelle Erfahrung zu einer Einheit verschmolzen, um sich im Lebensalltag wieder eindeutig zu trennen. Intuitiv wusste diese Frau um die Natürlichkeit ihrer Wahrnehmungen und wie sie diese förderlich für ihre Trauerverarbeitung und ihr weiteres Leben integrieren konnte. Sie beendete den Erfahrungsprozess zur rechten Zeit, um dauerhafte Verwechslungen von Innen und Außen zu vermeiden. All das ermöglichte es ihr, diesem Phänomen angstfrei und mit Zuversicht, offen zu begegnen.

Uns mag nun dieses Wissen um äußeres und inneres Universum helfen, sollte uns das Schicksal mit einer für die Außenwelt ungewöhnlichen, unglaublichen Erfahrung überraschen wollen.

Wie aber können wir uns diese Gleichzeitigkeit zweier so verschiedener Universen vorstellen, wenn wir beide als real existent akzeptieren wollen?

Die bereits oben erwähnte Parallele zum Phänomen Licht mag unser Verständnis unterstützen. Kaum etwas ist so selbstverständlich wie Licht. Die Sonne geht auf und es wird hell. Taschenlampe, Kerze, Deckenstrahler erhellen die Finsternis. Augenblicklich ist der Raum lichtdurchflutet, wenn wir nachts den Schalter umlegen, in der größtmöglichen aller bekannten Geschwindigkeiten, der Lichtgeschwindigkeit.

Aber was ist dieses Licht eigentlich? Wie das Licht[26] in Erscheinung tritt, hängt interessanterweise von uns ab, welche Perspektive wir einnehmen. Das kommt uns doch bekannt vor. Licht ist, wenn wir Beobachtungsoption A einnehmen eine Welle. Es ist eine Welle, verhält sich so, kann so genützt, berechnet und vorhergesagt werden. Nehmen wir aber Beobachtungsoption B ein, so verhält sich Licht plötzlich wie ein Teilchen. Nun ist Licht ein Teilchen, verhält sich so, kann berechnet, genützt und vorhergesagt werden. Eigentlich dürfte das nicht so sein. Alles ist entweder Welle oder Teilchen, nichts kann beides gleichzeitig sein.

Licht aber ist nachweislich beides zugleich, auch wenn wir dies so nicht beobachten können, wir werden immer nur, abhängig von unserer Perspektive, der „Einstellung", Lichtwellen oder Lichtteilchen sehen. Das erinnert doch erstaunlich an die Phänomene der Innen und Außenwelt, die sich gegenseitig auszuschließen scheinen und wir abhängig von unserer Betrachtungsweise entweder die eine oder die andere erkennen können und doch beide als eine Welt in der Welt gleichzeitig existieren.

Wir können diese Parallele noch etwas weiter vertiefen. Licht lässt uns die Welt sehen. Wir können auf zumindest „drei Arten sehen". So wie es uns das Organ Auge ermöglicht, sozusagen A: natürlich, ohne Hilfsmittel, oder mit technischer Unterstützung, in die Richtungen B: größer, entfernter und C: kleiner, näher. Für das äußere Universum bedeutet das, dass wir dank der Teleskope in die entferntesten Winkel des Universums blicken können, mit einem Mikroskop in die kleinsten. So verschieden Makro- und Mikrokosmos auch sind, so groß die Entfernung der Orte, an denen wir sie erforschen, sind sie doch „eins". Der Stern am äußersten Ende der Milchstraße besteht in seinem Innersten aus Molekülen und Atomen, alle Moleküle und Atome die wir sehen sind untrennbar Teile des Universums.

Wie aber können wir uns die drei Blickrichtungen, A: natürlich, B: in die Weite und C: in die Nähe, im inneren Universum vorstellen? Der natürliche Blick, ohne Hilfsmittel und Verstärkung durch Methoden entspräche unseren bewussten Inhalten, Wünschen, Wollen und unserer erinnerbaren Lebensgeschichte. Im „Mikroskop" können wir sozusagen die uns unbewussten lebensgeschichtlichen Inhalte, Schemata, Verstrickungen und Motive, unseren Schatten, Traumata, verdrängte und unterdrückte Erinnerungen und Impulse erforschen.

Im „Makroskop" hingegen können wir all jene Inhalte, die uns mit Größerem, den Anderen, dem Alles und Nichts verbinden, erkennen. Für die Gleichzeitigkeit beider inneren Dimensionen (Makro und Mikro) haben wir als nettes Beispiel weiter oben schon das Simultanschwimmen im Fruchtwasser des Mutterleibes und den Weiten des Universums erwähnt.

In dem Film „Schiffbruch mit Tiger – The Life of Pi" wird diese Gleichzeitigkeit der Dimensionen in eindrucksvollen Bildern in Szene gesetzt. Der Held Pi ist, alleine, nur in Begleitung eines bengalischen Tigers, in einem Rettungsboot in den Weiten des Ozeans verloren. Er sieht über die Bordwand in das Wasser und „sinkt" mit dem Blick in die Tiefen des Ozeans hinab, wo er seiner Geschichte, dem Schiffsuntergang, den ums Leben gekommenen Familienangehörigen ebenso begegnet wie den „Monstern" der Tiefsee. Dann wieder spiegeln sich die Sterne in der Meeresoberfläche und es verschwimmen die Perspektiven, das Boot gleitet durch die unendliche Weite der See auf Erden und gleichzeitig scheinbar zwischen den Sternen im All.

Ein letztes Bild mag uns im Verständnis von Innen und Außen unterstützen:

Angenommen du bist in der Außenwelt der festen Überzeugung, dass mittels Mikroskop für dich keine relevanten Entdeckungen zu machen seien oder noch radikaler, dass es gar keine Mikroskopie gäbe. In diesem Fall existiert nichts das kleiner ist als dein Auge dir zeigt. Wenn dir jemand ein Mikroskop vor die Nase hält, weigerst du dich durchzusehen oder du erklärst alles, was du darin zu sehen bekommst für Hirngespinste, Artefakte des Apparates, der dir Phantasiebilder zeigt wie ein Videoprojektor. Für dich, in deinem „Universum", existieren keine Pantoffeltierchen oder einzellige Lebewesen, dennoch wirst du durch Bakterien krank.

Ähnliches gilt für die Innenschau. Wenn du die Relevanz oder gar Existenz des inneren Universums leugnest, so mag deine Lebenswelt klein und überschaubarer geworden sein, bis das Schicksal, besser das Leben, mit einer Überraschung in Form einer außergewöhnlichen Erfahrung anklopft.

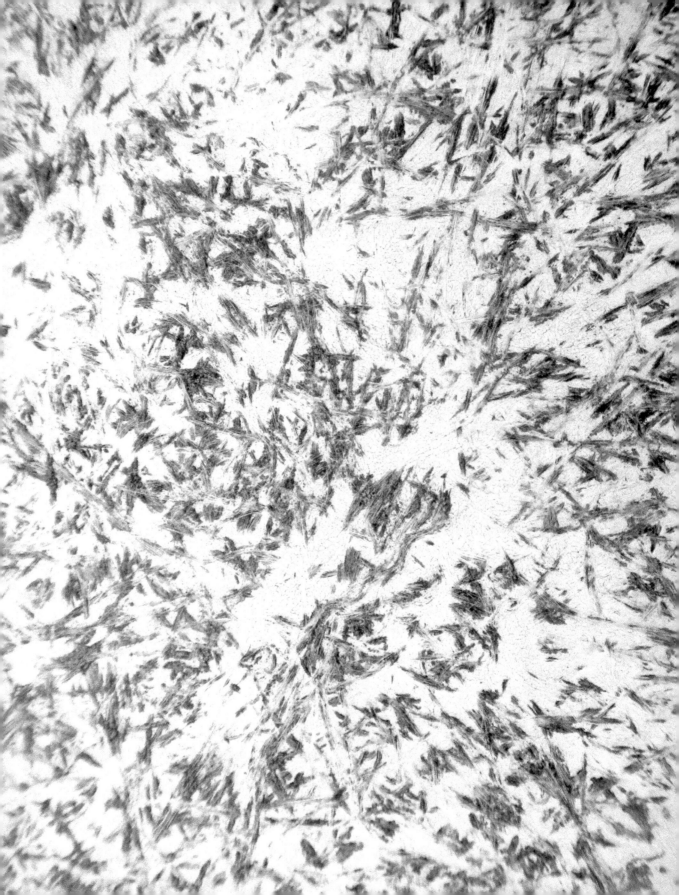

Gefahren durch Verwechslungen von Innen und Außen

Eine Gefahr des Leugnens oder Ignorierens einer der Welten haben wir eben angedeutet. Verneine ich die Existenz des inneren Universums, so betrüge ich mich selbst buchstäblich um mich selbst, meine inneren Welten, die Vielschichtigkeit meines Seins und Geworden-Seins. Verneine ich umgekehrt die Existenz von Teilen des äußeren Universums, so betrüge ich mich um Schönheit, Lust und Erfüllung in der Begegnung mit den Anderen und der Umwelt.

Beide Welten sind darüber hinaus leider auch gut geeignet, sich in ihnen zu verlieren. Das führt jedenfalls zu einem Mangel an Lebensfreude und Lebensqualität, oft auch zu Krankheit und Leid. Verliere ich mich im inneren Universum, hat dies Beziehungslosigkeit, Vereinsamung und Isolation zur Folge. Im äußeren Universum führt es zu Verlust der „Wurzeln", zu Getrieben sein, chronischem Stress, Gier und Habsucht. In beiden Fällen verlieren wir unsere Genussfähigkeit und Orientierung, Lebenssinn und Wohlbefinden.

Was aber, wenn wir die Welten tatsächlich miteinander verwechseln?

Verwechslung von Außen mit Innen

Dies begegnet uns in der westlichen Industrie und Wohlstandsgesellschaft gar nicht so selten. Im Außen wird vergeblich gesucht, was im Inneren bereit steht, vielleicht auch verborgen ist. Materielle Besitztümer werden angehäuft, ein schnelleres, größeres Auto, der noch leistungsstärkere Computer, das buntere Handy. Der Kleiderschrank quillt über vor Markenprodukten und Schuhen. Was immer wir glauben zum Glück zu brauchen wird angeschafft. Der ultimative Kaufrausch hat uns gepackt. Ein

Hunger nach Besitz und Macht, der doch unstillbar ist, wie uns die „Reichen und Schönen" immer wieder mit traurigen Schlagzeilen vor Augen führen. Wenn Neues keine Freude mehr bereitet, nach wenigen Tagen ungenützt herum liegt und das nächst teurere Produkt uns begehrlich in den Bann schlägt, wenn das Urlaubsgefühl nicht mehr aufkommt oder am Tag der Heimkehr verpufft ist, sollten wir uns ernsthaft überlegen, wo wir was vergeblich suchen und zu finden gedenken.

Wenn wir im Alltagstrott vergessen, dass wir unsere Partner, Eltern und Kinder lieben, unsere Freunde schätzen, nur einmal diesen Augenblick erleben, dann ist es wohl an der Zeit die Blickrichtung zu ändern. Manchmal müssen wir nach innen schauen, um den getrübten Außenblick wieder klar zu bekommen.

Verwechslung von Innen mit Außen

In diesem Fall nehmen wir Inhalte der Innenwelt und glauben irrtümlich sie in der Außenwelt anzutreffen. Dies kann in schweren Fällen, vor allem wenn es sich um Wesenheiten, Energieformen oder Stimmen, Eingebungen und Verstorbene handelt, zu dramatischen Komplikationen, Lebensschwierigkeiten und Leid führen und manchmal eine mögliche Ursache von psychotischen Erkrankungen sein. Bedauerlich ist, wenn die hier beschriebene Form der Verwechslung zur Erkrankung beiträgt, weil bei richtigem Erkennen und Behandeln dies möglicherweise vermeidbar wäre.

Eine viel häufigere Form der Verwechslung ist, dass Ich-Anteile in der Innenwelt verdrängt, nicht wahrgenommen werden. Der psychische Mechanismus spiegelt sie in der Folge in die Außenwelt. In der Fachwelt wird das Projektion und Übertragung genannt. Teile meines Ichs werden nach außen, in andere projiziert, die ich aus moralischen, politischen, religiösen, gesellschaftlichen oder familiären Überzeugungen verabscheue und bekämpfe, die mir zutiefst zuwider sind, mich ängstigen und die ich am liebsten aus der Welt hätte.

Wenn ich nun einen solchen Teil an mir selbst entdecke, so mag dies aus der Perspektive der Außenwelt unvorstellbar und unerträglich sein. In der Perspektive der Innenwelt können wir aber den Mut aufbringen zu erkennen, dass es so ziemlich gar nichts gibt, was nicht in irgendeiner Weise als Potential, als Keim und Möglichkeit in uns enthalten ist. So sind wir Menschen nun mal. Wenn wir verhindern wollen, dass böse, destruktive Regungen durch uns in die äußere Welt gelangen, müssen wir sie in unserem Inneren erforschen, durch andere Möglichkeiten ergänzen, lernen, sie entwicklungsfördernd zu transformieren. Sicher und nachhaltig geht das nur in unserem Inneren.

Ein anschauliches Beispiel wie „das Böse in die Welt" kam: Jeder von uns hat böse, egoistische, grausame Anteile. Wenn es mir nun, aus oben beschriebenen Überzeugungen und in einer Verwechslung von Innen und Außenwelt, nicht gelingt, diese Regungen an mir zu erkennen, versuche ich sie in mir zu verleugnen und zu ignorieren. Dennoch sind sie da. Um sie in mir nicht wahrhaben zu müssen projiziere ich sie in ein Gegenüber (dich) nach außen. Wie ein Videoprojektor spiegle ich das unerwünschte Ich-Bild in dich.

Wie auf einer Leinwand meine ich dann, in dir das Bild zu erkennen. Und schon ist das Böse in der äußeren Welt angekommen. Hier kann ich es nun in Dir mit aller Kraft verfolgen und bekämpfen. Nun kann ich plötzlich all die (entsetzlichen) Dinge an Dir bekämpfen, die ich zuvor an mir nicht wahrhaben wollte. Schließlich bist Du doch der Böse, hast Du mich provoziert, bist Du schuld usw.

Nehmen wir ein konkretes, sehr verbreitetes Beispiel: Homosexualität ist in der Äußeren Welt ein eher seltenes Phänomen, das eine kleine Anzahl von Männern und Frauen betrifft. In der Innenwelt sind homosexuelle Regungen wohl in jedem Menschen vorhanden. Wie gesagt, wir sind nun mal so (spannend, aufregend, vielschichtig…).

Nach wie vor begegnen wir in der Außenwelt einer hysterischen Angst vor Homosexuellen. Diese Menschen werden politisch und gesellschaftlich benachteiligt, verfolgt, kriminalisiert und in manchen Ländern sogar mit dem Tode bedroht. Alles aus einer Ignoranz der Verwechslung von Innen und Außenwelt.

Diskriminierung ist immer ein vielschichtiges Phänomen, bestehend aus machtpolitischen Interessen, gesellschaftlichen Normierungs- und Kontrollwünschen, kulturellen und religiösen Überlieferungen und Vorurteile oder sozialer Gruppenbildung, aber eben auch aus psychodynamischen, innerweltlichen Faktoren.

Die Verwechslung von innerem- und äußerem Universum hat, wie wir gesehen haben, sowohl schwerwiegende Folgen für unsere persönliche Gesundheit und unser individuelles Zusammenleben als auch für Gemeinschaften und Gesellschaften.

Ist Innenschau also ein Allheilmittel vor jedwedem Übel? Natürlich nicht!

Das äußere Universum hat jede Menge an ökologischen und ökonomischen Herausforderungen, sowohl für uns als Individuum als auch als Gesellschaft.

Unsere Innenwelt wird durch Komplikationen von Beziehungsgestaltung, Tod lieber Angehöriger, Krankheit, Schicksalsschlägen usw. herausgefordert. So ist das Leben. Die Frage ist vielmehr, wie sehr durch eine getrübte Innensicht Konflikte im Außen provoziert, erschaffen oder verstärkt werden.

Als Sigmund Freud[12], der Gründer der modernen Psychotherapie, sein Konzept der Hysterie als Krankheit von Männern und Frauen erstmals im Kollegenkreis der Universität vortrug, zog ein anwesender Professor seine Ausführungen ins Lächerliche, griff seine Ideen und ihn persönlich an. Vor der versammelten Zuhörerschaft fragte er Freud spöttisch, ob er denn als gebildeter Mensch nicht wisse, dass Hysterie von Hysteros dem Griechischen Wort für Uterus komme und als Arzt sollte er wissen, dass nur Frauen einen Uterus haben. Er habe noch nie so etwas Unsinniges gehört, wie, dass es eine Hysterie bei Männern gäbe.

Jahre später, als der besagte Professor emeritierte (in Pension ging) entschuldigte er sich bei Freud. Er hatte damals die Ausführungen nicht wahrhaben wollen, da er selbst ein Hysteriker sei. Er wisse aus eigener Betroffenheit, dass Freuds Ausführungen über dieses Krankheitsbild zuträfen. Freud schließt diesen Bericht mit dem Hinweis, dass die Entschuldigung nur zwischen ihnen beiden stattfand, der Angriff auf seine Person aber öffentlich gewesen war und in der Erinnerung Vieler blieb.

Ein letztes Bild

Manchmal wird Innen/Außen auch als vertikale und horizontale Betrachtungsdimension des Menschen bezeichnet. Wenn wir uns aufrecht stehend, mit zur Seite ausgestreckten Armen vorstellen, so würde vertikal, von den Beinen zum Kopf, zwischen Himmel und Erde, die Innenschau bezeichnen. Horizontal über unsere Arme die Außenperspektive, mit der wir über unsere Hände die Welt berühren, ertasten, ergreifen – mit ihr in Kontakt und Beziehung treten. Vor allem bei Konflikten ist ein Wechsel der Perspektive oft sehr hilfreich. Halte ich, symbolisch mit meinen Händen, den Anderen als Verursacher meiner Befindlichkeit oder sind es Regungen in mir (Innenperspektive/vertikal). Macht mich mein Partner wütend, weil er etwas beleidigendes gesagt hat oder reagiere ich wütend, weil in meinem Inneren die Worte etwas angesprochen („getriggert") haben, das in mir steckt und reagiere ich dadurch wütend. Werde ich passiv, von außen, wütend *gemacht*, bin somit Opfer der Umstände oder *reagiere* ich aktiv als Resultat meines inneren Soseins. Muss sich der Andere und die Welt verändern oder ändere ich mein Inneres um mehr Freiheit und Möglichkeiten zu gewinnen?

Nun, vielleicht hast du ja Lust bekommen, nach dem nächsten Konflikt einfach einmal probeweise in der Rückschau von der vermutlich vertrauten Außenperspektive auf die Innenperspektive zu wechseln.

- Horizontale Betrachtungsebene: Womit haben die Anderen mich wieder geärgert, verletzt, irritiert.

- Vertikale Betrachtungsebene: Was wurde da in mir angesprochen, was hat das in mir ausgelöst *bevor* ich mich verärgert, verletzt, irritiert *gefühlt* habe und dann wie gewohnt *reagierte*.

Dabei ist es sehr empfehlenswert, mit der Selbstbeobachtung zu beginnen, bevor du an das Experimentieren mit Veränderungen gehst.

Innen-Außen-Welt
Zusammenfassung

Ist unsere Auffassung der Innen- und Außenwelt nur eine andere Bezeichnung für das altbekannte Leib – Seele Paradigma? Wo ein vergänglicher, fleischgewordener Körper als zeitlich befristete, dem Tode geweihte, alternde Hülle einer ewigen, unsterblichen Seele als göttlichem Wesenskern dient? Einer Seele, die gleich dem Geist in der Flasche im Körper steckt?

Oder ist unsere Vorstellung von Innen-Außen nur die Kopie der wissenschaftlich-philosophischen Gegenüberstellung von Materialismus und Idealismus? Materialismus, der alle lebensbezogenen Phänomene auf elektrophysikalische und biochemische Prozesse auf molekularen Zellebenen zurückführt, oder Idealismus, für den alle Erscheinungen Manifestationen eines immateriellen Geistes bzw. Bewusstseins sind.

Auch wenn es gewisse Ähnlichkeiten und Übereinstimmungen zu diesen Vorstellungen gibt, so ist unsere Auffassung im Wesenskern doch vollkommen verschieden. Innen und Außenwelt sind „zwei Seiten einer Medaille", real und existent. Beide sind untrennbar mit dem Leben verbunden. Solange wir leben sind wir Wesen beider Welten.

Es sind Beschreibungsmodalitäten, wie wir unsere Welt wahrnehmen können, unterscheidbare Bewusstseinsfähigkeiten. Wir sind immer gleichzeitig in beiden, auch wenn wir sie in der Regel nur abwechselnd, immer nur jeweils eine, bewusst wahrnehmen können. Keine ist besser, wichtiger, hochwertiger als die andere.

Beide sind für ein menschenwürdiges Überleben, für Wohlbefinden, Gesundheit und Erfüllung notwendig. Keine kann durch die andere ersetzt werden oder deren Aufgaben und Sinn für unser Leben übernehmen. Wo immer wir dies versuchen, geraten wir in Ungleichgewicht, Unwohlsein und Unzufriedenheit sowie in der Folge ins

Kranksein. Wichtige Anmerkung: Das bedeutet natürlich NICHT, dass alle Krankheiten so zu erklären sind oder darin ihre Ursachen haben! Ebenso wie bei weitem nicht alle Krankheiten auf Verwechslungen und Vermischungen der Phänomene und Gesetzmäßigkeiten der beiden Welten beruhen!

Wann aber besteht akute Gefahr, die Welten zu verwechseln?

Akute Verwechslungsgefahr besteht bei Angst und Unwissenheit.

Historisch haben unsere Vorfahren in den tausenden Jahren der Steinzeitkulturen sehr geringes Wissen um die Gesetzmäßigkeiten der äußeren Welt. Durch ihre Experten beiderlei Geschlechts wie SchamanInnen, DruidInnen, Medizinmänner und -frauen hatten sie aber sehr umfangreiches Wissen über die inneren Welten. Aufgrund von Unwissenheit versuchten sie nun dieses innere Wissen auf die Äußere Welt zu übertragen, um sich auch in dieser erfolgreich zurechtzufinden und so der Angst vor dem Unbekannten, dem Nichtwissen zu begegnen. Heute scheint das Pendel eher in die andere Richtung auszuschlagen, wobei mittels naturwissenschaftlicher Erkenntnisse über biologische Wirkmechanismen versucht wird, die innere Welt „weg-zu-erklären". Welche Angst uns da antreibt, sei mal dahingestellt.

In einem Buch[20] fand ich eine sehr nette Anekdote, die treffend und weise das Verhältnis von Innen- zu Außenwelt veranschaulicht:

Im Rahmen eines Seminares wurde zum Abschluss von einer Schamanin ein Medizinrad-Heilungsritual durchgeführt. Für die Tradition des Rituales war es bedeutsam, dass der Eingang zum Medizinrad im Osten liegt und der Platz der Schamanin, von dem aus sie das Ritual leitet, im Norden. Nachdem die TeilnehmerInnen das Medizinrad fertiggestellt hatten, in dessen Mitte ein Feuer brannte, betraten alle durch den Eingang den Ritualbereich und nahmen im Kreis platz.

Die Schamanin saß auf ihrem im vermeintlichen Norden. Da wurde den TeilnehmerInnen gewahr, dass ihnen beim Errichten ein Fehler unterlaufen war und die Schamanin tatsächlich im Süden saß. Darauf angesprochen sagte sie gelassen, „Wo ich sitze ist Norden. Die Kraft ist innen, nicht da draußen."

Sind die Welten gefährlich?

Sind die inneren Welten nicht gefährlich? Sollten wir sie nicht lieber meiden? Hallo? Ist Autofahren gefährlich, ist elektrischer Strom gefährlich? Sollten wir aus Angst vor dem Strom nicht lieber Kerzen als Lichtquelle verwenden? Andererseits ist wahrscheinlich durch die Flamme von Kerzen im Laufe der Zeit mehr Unglück in der Menschheitsgeschichte passiert als durch elektrischen Strom. Im Finsteren zu sitzen ist wohl naheliegender Weise auch keine Alternative.

Gleiches gilt für die innere Welt. Natürlich ist es gefährlich, wenn jemand mit speziellen Methoden der Innenschau „herumspielt", die unter Anleitung eines Fachmannes, einer Fachfrau verantwortungsbewusst auszuüben sind.

Beiden Welten können aus Furcht vor – oder aus tatsächlich Erlebten – unerfreulichen, beängstigenden oder traumatischen Erfahrungen zur Bürde werden. Vor allem, wenn sachkundige, wohlwollende Hilfe und Unterstützung fehlen. So kann der finanzielle Ruin durch Verschuldung oder Fehlkalkulation ebenso eine persönliche Katastrophe sein, wie das Überschwemmt werden von erschreckenden inneren Dämonen. Beide Welten können aber auch durch ihre Faszination Menschen in die Irre leiten:

- Die äußere durch Macht und Reichtum, (wenn der „Erfolgsmanager" seine Familie vernachlässigt und nur mehr arbeitet, seine Kinder und Frau verachten ihn, seine Freunde sind in Wahrheit Geschäftspartner und „Höflinge" und er arbeitet sich unbeirrt über Bluthochdruck zum Herzinfarkt voran)

- Die innere durch Schönheit und Verzückung erleuchtender Ganzheitserfahrungen, (wenn der „Möchtegern Guru" seine Familie vernachlässigt, sich nur mehr der meditativen Innenschau widmet, seinen Beruf und seine Freunde verliert, seine Kinder und Frau verachten ihn, er verwahrlost und vereinsamt)

Erfreulicherweise gab und gibt es kompetente Helfer und Unterstützer. Da aber nicht jeder zu jedem „passt" und es zu allen Zeiten auch Scharlatane gab, zahlt es sich aus, bei der Auswahl etwas genauer hinzusehen. In diesem Zusammenhang fällt mir eine Begegnung mit einem thailändischen Mönch vor einigen Jahren im Urlaub ein.

Der Mönch und der Tiger

Bei einem Urlaub in Thailand besuchten wir, auf Anraten unseres Vermieters, einen Waldmönch. Das sind Mönche deren Klostergebäude etwas abseits der Siedlungen im nahen Wald gelegen sind. Mit dem Leihrad fuhren wir vorbei an fruchtbaren Feldern und verfallenen Tempelanlagen. Wir trafen den Mönch, der uns freundlich begrüßte und willkommen hieß. Er war ein kleiner, schlanker Mann mit offenen Augen und einnehmend sympathischem Gesicht.

Nach kurzer, netter Unterhaltung fuhr ein Auto vor, dem zwei junge, sichtlich betrübte Menschen entstiegen. Sie blickten verlegen zu Boden und vermieden tunlichst sich gegenseitig anzusehen. Der Mönch fragte uns, ob wir noch etwas Zeit hätten, er würde uns gerne auf einen Tee einladen, aber seine Arbeit rufe. Das Pärchen habe Eheprobleme und würde seine Hilfe brauchen. In etwa 30 Minuten könne er wieder bei uns sein. Wir nahmen die Einladung gerne an unterhielten uns dezent und beobachteten neugierig aber unauffällig das Geschehen.

Der Mönch ging zum Auto und holte dort die beiden ab. Sie überreichten ihm große Geschenkkörbe mit allerlei Früchten und Sachen für den Alltagsbedarf. Er nahm diese ohne sie besonders zu würdigen kommentarlos entgegen und stellte sie beiseite. Dann nahmen sie an einem kleinen Tisch am Boden, etwa zehn Meter von uns entfernt, Platz. Wir hörten wie der Mönch mit freundlicher, einfühlsamer Stimme zu dem jungen Ehepaar sprach. Beide blickten zu Beginn stumm vor sich zu Boden.

Nach etwa zehn Minuten hörten wir Gekicher, das bald in schallendes Lachen wechselte. Immer wieder lachten die drei herzhaft auf. Nach zwanzig Minuten verabschiedete sich der Mönch von dem nunmehr strahlenden Paar, das sich händchenhaltend zum Auto begab und abfuhr. Natürlich konnten wir kein Wort verstehen, aber die Verwandlung innerhalb der kurzen Zeit war schlichtweg sensationell. In meiner ganzen Zeit als Psychotherapeut habe ich noch nie so eine essentielle Veränderung in so kurzer Zeit beobachten können.

Der Mönch setzte sich wieder zu uns und bald wurde der Tee serviert. Nach etlichen freundlichen Worten fragte der Mönch uns, mit seinem einnehmend wohlwollenden Lachen, ob wir meditierten. Er strahlte über das ganze Gesicht als er uns seinen Werdegang erzählte mit dem Schluss, dass hinter den Gedanken, die man durch Meditation zur Ruhe bringen kann, Glück, nichts als unendliche Glückseligkeit sei. Dann wurde sein

Gesicht kurz sehr ernst und er ergänzte: „Wir dürfen und brauchen keine Angst vor dem Tiger haben! Der Tiger ist nicht real!" Er wiederholte dies mehrere Male. Offensichtlich entnahm er unseren Blicken, dass wir nicht so recht wussten, was er damit sagen wollte.

Der Tiger ist das gefährlichste lebende Landraubtier und in gewissen Gegenden Thailands heimisch. Es war für ihn ganz klar, dass wir auf dem Weg in die innere Welt dem Tiger begegnen würden. Er wollte uns Mut machen und Zuversicht vermitteln, damit wir, wenn wir dem Tiger, unserem ganz persönlichen Tiger, eines Tages begegnen und ihm gegenüberstehen, dieses Raubtier nicht mit der äußeren Welt verwechseln und so möglicherweise aus Angst von unserem Weg abkommen.

Warum aber sprechen wir von einer inneren und äußeren Welt?

Wäre es nicht besser für diese Phänomene neue Fachbegriffe zu erfinden? Nun, zum Einen haben schon sehr kluge Menschen diese einfache Formulierung verwendet, um diese prinzipiellen unterschiedlichen Wahrnehmungen und Bewusstseinszustände zu bezeichnen, mit denen wir „die eine Welt sehen" können. Noch viel wichtiger erscheint mir, dass viele Menschen ein gutes intuitives Verständnis haben, wenn von innerer Welt, Innenschau, nach innen Gehen gesprochen wird. Wir brauchen nichts von psychotherapeutischen Methoden, schamanistischen Praktiken oder religiösen, mystischen und sonstigen Verfahren zu wissen, um eine ganz konkrete Idee davon zu haben, was es bedeutet, nach innen zu sehen, unsere Aufmerksamkeit nach innen zu richten, eine Reise in die Innenwelt anzutreten.

Wie aber zwischen den Welten wechseln? Wo sind die Übergangspforten? Wie „macht man" das „nach innen zu gehen"? Scheinen nicht bestimmte Lebensabschnitte und Lebensereignisse uns, mehr oder weniger (un)kontrollierbar, von einer Welt in die andere zu „katapultieren"? (Dazu später noch ein wenig mehr.)

Wo fanden unsere Vorfahren die Tore zur anderen Welt? Wo errichteten sie ihre Heiligtümer, wo begegneten sie ihren Göttern, ihrem Inneren? Es sind Orte der Schönheit, von Harmonie, Weite oder beeindruckender Enge, der Naturgewalten wie Wasserfälle, Geysire, Höhlen, Bäume, Eisberge und Wüstentäler. Es sind Orte, an denen es uns leichter gelingt, zu schauen, zu hören, zu riechen, zu schweigen, die Augen zu schließen und unseren Atem, unser Lebendigsein zu spüren. Das ist auch für uns, mit ein wenig Sensibilität, heute noch gut an diesen besonderen Stellen erahnbar. Der schöne Meditationsplatz zu Hause, die Lieblings-Lichtung auf unserem Spazierweg, der Aussichtspunkt in die Landschaft, ein alter Baum oder der Blumengarten, wo immer wir diese Orte finden mögen, die uns die Innenschau erleichtern, wir sind nicht auf sie angewiesen. So wie wir immer nur in der äußeren Welt sein können, so haben wir auch unsere innere Welt immer bei uns.

Erleuchtung und wir

Die Erleuchtungs- und Offenbarungserlebnisse der berühmten historischen Religionsgründer fanden an besonderen Orten statt. Moses und Mohammed begegneten ihrem Gott im meditativen Gebet auf Berggipfeln, Jesus stellte sich seinen Dämonen, dem Teufel, beim meditativen Fasten in der Wüste, Buddha meditierte bis zu seiner Erleuchtung Tage (oder Wochen) unter einem Feigenbaum und vom Ahnvater des Zen wird berichtet, dass er neun Jahre in einer Höhle, mit dem Gesicht zur Wand, meditierte, bis ihm die Erleuchtung zuteil wurde.

Christliche Mystiker beten und fasten in der Abgeschiedenheit ihrer Klöster, Buddhisten meditieren im sogenannten Retreat (engl.: Rückzug), Zen Schüler beim sogenannten Sesshin (= Periode konzentrierter Zen-Meditation), Sufis (Mitglieder mystischer Islamischer Orden) drehen sich stundenlang im Kreis, südafrikanische Indianer-Schamanen führen ihre Schüler in den Dschungel, um bewusstseinsverändernde pflanzliche Substanzen einzunehmen.

Diese eben genannten Möglichkeiten stehen im engen Bezug zu religiösen Glaubenssystemen. Erleuchtung, „als Weg zur Selbstbefreiung" [17] begegnet uns auch in anderen Formen „erfüllender Beschäftigung". Vor allem von kreativ Schaffenden im schöpferischen Akt, bei sehr konzentrierter Tätigkeit, gelegentlich auch bei intensiver körperlicher Betätigung werden Erleuchtungserfahrungen berichtet. Vom Gründer der Kampfkunst Aikido wird erzählt, dass er sein Erleuchtungserlebnis als Folge eines Duells hatte, nachdem er sein Leben lang täglich Kampfkünste trainiert hatte [29].

Ganz selten scheint Erleuchtung spontan, ohne Zusammenhang zu irgendeiner Praxis auftreten zu können. Generell sind die Wege zur Erleuchtung aber mannigfaltig, zeitintensiv und oft exklusiv. (Nicht jeder ist zum Mystiker, Guru, Künstler, Kampfkunstmeister oder Spitzensportler geboren). In den Beschreibungen der Erleuchtungserfahrungen sind immer wieder deutliche Übereinstimmungen zu finden: von Verbundenheit mit der Natur oder Allem, Sehen von hellem oder goldenem Licht, einem tiefen Verstehen und Gewahrwerden der Geheimnisse des Universums, Durchdrungensein von Energie, Mitgefühl und umfassender Liebe und bei religiösen Menschen einer Begegnung mit dem Göttlichen.

Diese Art von Erfahrung, nennen wir sie „große Erleuchtung", mag nur wenigen Menschen, nach langem spirituellem Üben, zuteilwerden.

In unserer Sprache von Innen- und Außenwelt können wir diese Erleuchtung als Moment verstehen, in dem sich die Grenzen zwischen den Welten auflösen. Der Mensch erfährt sich mit all seinen Sinnen als Ganzheit mit der Welt. Er ist eins, verbundene Einheit von sich und der Welt.

Wird diese Einheit *absolut* erfahren, ist sie, wie beschrieben, eine „*große* Erleuchtungserfahrung" wie sie uns besondere Menschen aus verschiedensten Kulturen und Zeitaltern berichten. Aber sie kann auch *graduell* erfahren werden, als Momente „kleiner" Erleuchtung. Augenblicke, in denen wir uns zutiefst ganz und verbunden fühlen. In diesen sind wir mit uns und der Welt in Frieden, fühlen uns in Ordnung und geborgen, Heil und durchdrungen von Liebe. Diese Momente mögen sehr kurz sein, vielleicht nur wenige Sekunden. Oft werden sie leider auch rasch wieder vergessen. Dennoch habe ich noch kaum jemanden getroffen, der nicht, nach kurzem Innehalten, aus eigener Erfahrung wusste, wovon ich hier spreche.

Wann ist unsere Innenwelt spirituell?

Im Text erwähne ich Beispiele und Anekdoten, die ganz verschiedene Sphären unserer Innenwelt beleuchten, von tiefer spiritueller Erfahrung und Erleuchtung über feine Wahrnehmungs- und Gefühlsdimensionen bis zu möglichen Schattenseiten wie Selbstverleugnung (der Kontrahent Freuds) oder illusionäre Selbstwirksamkeit und Selbstüberschätzung (im Beispiel der chinesischen Vogelepisode).

Wir brauchen nicht für jede Innenwelterfahrung ein spirituelles Verständnis. Für viele Veränderungen in der Innenwelt benötigen wir nicht notwendigerweise die spirituelle

Dimension unseres Selbst. Ehrliche, selbstkritische Innenschau, Selbstanalyse und Selbstreflexion eröffnen wichtige Einsichten und Entwicklungsmöglichkeiten (zum Beispiel als Selbsterfahrung im Rahmen psychotherapeutischer Behandlung oder Begleitung). Dafür ist Spiritualität nicht unbedingt notwendig, wie ich aus meiner eigenen Erfahrung in den Jahren als junger Therapeut weiß.

Umgekehrt sind ehrliche, selbstkritische Innenschau, Selbstanalyse und Selbstreflexion jedoch nahezu unumgänglich, will ich tiefe spirituelle Erfahrungen verstehen und deren Potential entwicklungsfördernd heben. Wenn ich mich als Mensch in der Fülle und Tiefe meines Seins erkenne und erfahre, gibt es dazu keine Alternative.

Unsere inneren Erfahrungsqualitäten sind manchmal vielschichtig, wie vermischt und schwer auseinanderzuhalten. Das wird verständlich, wenn wir berücksichtigen, dass verschiedenste Erlebnisebenen gleichzeitig im Hier und Jetzt unseres Bewusstseins gegenwärtig sein können.

Ein kleines Beispiel mag dies verdeutlichen.

Bei dem Begräbnis eines Freundes mag mich dieser Moment mit der augenblicklichen, adäquaten Trauer in Berührung bringen, die ich entsprechend ausdrücke.

Nun kann es aber vorkommen, dass die Situation um Tod und Begräbnis darüber hinaus in mir eine, vielleicht seinerzeit verdrängte, Trauer um einen bereits verstorbenen Elternteil aktiviert. Dabei wird die aktuelle Erfahrung (des Begräbnisses des Freundes) mit der Vergangenen vermischt, überlagert und verstärkt. Das kann jede Form von Intensität annehmen, mit verschiedensten Konsequenzen.

Werden die Erfahrungen vermischt, so kann dies dazu führen, dass, statt situationsentsprechend zu kondolieren, ich mich für die Anteilnahme der Anwesenden bedanke. Die alte Erfahrung kann die gegenwärtige verstärken, sodass ich die Gefühle in inadäquater Heftigkeit erlebe, von ihnen gleichsam „überflutet" werde. Die Ereignisse können sich auch so überlagern, dass ich die „frühere" Erfahrung buchstäblich wiedererlebe und den Kontakt zur jetzigen weitgehend „verliere".

Das Begräbnis meines Freundes kann mir aber auch den Zugang zu einer sehr tiefen, existentiellen Seins-Erfahrung um Tod, Leben und Sterben, sowie meiner und, allgemeiner, der Menschen Vergänglichkeit eröffnen. Nur in diesem letzten Fall sollten wir von Spiritualität sprechen.

Es ist nicht immer leicht, diese verschiedenen Erlebnisqualitäten auseinanderzuhalten. Jede der eben beschriebenen Erfahrungsmöglichkeiten kann alleine oder in beliebigen Kombinationen auftreten. Das bedeutet, ich kann gleichzeitig die Trauer um meinen Freund spüren, die regressive, vergangene Trauer um meinen Elternteil und eine spirituelle Öffnungserfahrung. Gerade in solchen Momenten ist es schwierig, aber notwendig die Erfahrungen auseinanderzuhalten.

Keine kann die andere „ersetzen", mit keiner können wir uns die andere „ersparen". Jede hat ihr eigenes helfendes Potential und will ins Leben gebracht werden. Dies verhindern wir, wenn wir uns gegen die eine oder andere (aktuelle Trauer um Freund, vergangene um Elternteil, spirituelle um Mich und die Menschheit) verschließen („immunisieren"). Erfahrung, die wir nicht zulassen und ausdrücken, führt zu Verhärtung und „Verpanzerung" gegenüber dem Berührt-Sein, unserer Fähigkeit zu fühlen.

Spirituelle Praxis

Ich habe versprochen, in diesem Buch keine Anleitung zu geben, was man/frau tun müsste, um „aufgeklärt spirituell" zu sein. Dies hat einen einfachen Grund: Es gibt *nicht DIE, eine, richtige* Praxis „Aufgeklärter Spiritualität". Schon gar nicht werde ich hier als „nachahmenswertes Beispiel" meine persönliche spirituelle Praxis beschreiben. Sie ändert sich ohnehin immer wieder und wird sich in einigen Jahren hoffentlich mit mir zu etwas Anderem, Neuem entwickelt haben. So wie die Heutige auch anders ist als zu vergangenen Zeiten.

Letztendlich soll und kann nur jeder Mensch für sich seine aufgeklärt-spirituelle Praxis finden und (weiter)entwickeln. Dabei gilt es, sie mit individuellen Ansprüchen, Fähigkeiten und Wünschen ebenso zu vereinen wie mit der familiären Situation, den sozialen und wirtschaftlichen Voraussetzungen. „Aufgeklärte Spiritualität" ist keine Flucht aus der Lebensrealität, unserem Lebensumfeld, sondern vielmehr deren Anreicherung!

Dennoch möchte ich dich, als LeserIn, nicht ohne jedwede Überlegungen zu einem Praxisbezug „entlassen". Auch will ich mich nicht um diese Thematik „drücken". Nachdem eingehend diskutiert wurde, wo ich Antworten und Erfahrungen zu „suchen" habe, soll die Überlegung nach dem wie nicht ausgespart werden.

Wie schon erwähnt sind die folgenden Ausführungen keinesfalls als Anleitung, sondern *ausschließlich als Anregung* zu verstehen.

Spirituelle Erfahrungen finden in besonderen Bewusstseinszuständen statt. Wenn wir diese Erlebnismöglichkeiten absichtsvoll und gesichert eröffnen wollen, haben sich verschiedene Zugänge bewährt. Ich nehme hier ausdrücklich nur auf jene Optionen Bezug, die für die meisten von uns im Lebensalltag auch verwirklicht werden können. Den Wenigsten ist es gegeben, über die persönliche Berufung und die soziale Ungebundenheit und die finanziellen Ressourcen zu verfügen, um für mehrere Monate oder gar Jahre sich ausschließlich dem spirituellen Erwachen zu widmen. Das ist nicht das Maß für „Aufgeklärte Spiritualität", gleichwohl ein zu achtender und zu würdigender Weg.

Was aber sind nun die für uns eher offenen, verwirklichbaren Möglichkeiten?

Wir können unterscheiden in:

- Psychologische und psychotherapeutische Methoden

- Traditionelle, konfessionsungebundene Methoden

- Kleine Alltagsübungen der Sinne

- Selbstverwirklichung im Tun, als schöpferische, intensive Beschäftigung

Das ist natürlich eine sehr vereinfachte Einteilung, für unsere Überlegungen aber hinreichend und hilfreich.

Psychologische und psychotherapeutische Methoden

Psychologie und Psychotherapie haben eine Vielzahl von Methoden entwickelt, um veränderte Bewusstseinszustände in unterschiedlicher Intensität zu erreichen. Dabei wurde traditionelles Wissen mit modernen Erkenntnissen kombiniert und weiterentwickelt. Das Spektrum reicht von Entspannungsverfahren, aktiver Imagination und Phantasiereisen, szenischem Inszenieren, Aufstellen und Spielen, Hypnosetechniken, Körper- und Leibverfahren, speziellem Bewegen und Musizieren bis zum „Holotropen Atmen".

Diese erlebnis- bzw. erfahrungsintensivierenden Methoden gehören ausschließlich unter Anleitung von fundiert ausgebildeten und einfühlsam- wohlwollenden TherapeutInnen erlernt und praktiziert.

Traditionelle, konfessionsungebundene Methoden

Darunter sind Verfahren zu verstehen, die ursprünglich in religiösen Systemen entwickelt wurden, nun aber, losgelöst von theoretischen Glaubensbezügen als spirituelle Techniken von Jedermann/Jedefrau geübt werden können. Am bekanntesten sind hierbei wohl die verschiedenen Formen von Meditation im Sitzen sowie von Bewegungsmeditation und Kontemplation. Gewisse aus dem Schamanismus entwickelte Methoden, wie Schwitzhütten-Sauna, Trance-Tanzen, Trance-Reisen oder Rituale zu Trauer, Verabschiedung, Heilung etc. zählen ebenso zu diesem Bereich.

Auch hier gilt die Empfehlung, dies *ausschließlich* unter der Anleitung von entsprechend qualifizierten TherapeutInnen zu absolvieren.

Kleine Alltagsübungen der Sinne

Spiritualität lässt sich ohne großen Aufwand und finanzielle Anforderungen im Alltag über bewusstes Wahrnehmen leben.

- Schauen
- Hören
- Riechen
- Atmen
- Denken – Lesen
- Freuen
- Lieben

Im Zen wird unterrichtet, dass selbst die alltäglichsten Verrichtungen als spirituelle Übungen geeignet sind. Nun, es ist wohl nicht Jedermanns/Jedefraus Sache, im Bügeln, Staubsaugen, Müll raus tragen und Abwaschen die spirituelle Praxis für sich zu entdecken. Beim Kochen oder der Gartenarbeit mag das vielleicht schon eher gelingen.

Hier sind nun ein paar kleine Anregungsbeispiele. Fühle dich völlig frei, sie nach Belieben zu verändern, mit ihnen zu experimentieren, um daraus für dich geeignete Vorgehensweisen zu entwickeln.

Schauen

Erlaube dir, z.B. zweimal an bestimmten Tagen in der Woche, morgens beim Zähneputzen dich im Spiegel anzulächeln.

Zeitaufwand: Vernachlässigbar, weil Zähneputzen ohnehin stattfindet.

Hören

Wenn du das nächste Mal spazieren gehst, so schließe bei ca. der Halbzeit, bevor du zurückgehst, für einen Augenblick die Augen und höre konzentriert auf alle Geräusche, die so über deine Ohren zu dir durchdringen. Wiederhole diese Übung am Ende des Spazierganges nochmals.

Zeitaufwand: 2 Mal ca. 10–15 Sekunden.

Riechen

Schließe einmal in der Woche, während du kochst und im Topf umrührst, für einen Moment die Augen und atme tief den Duft der Speisen und Gewürze ein.

Zeitaufwand:
Vernachlässigbar, weil du ohnehin umrühren musst, damit nichts anbrennt.

Atmen

Nimm dir vor, an vier Tagen der Woche, z.B. zwischen Mittag und dem zu Bett Gehen, einmal bewusst innezuhalten, um einen tiefen Atemzug bei geschlossenen Augen zu nehmen. Wo immer du auch gerade bist, was immer du auch im Moment tust, (ausgenommen du lenkst gerade ein Fahrzeug).
Zeitaufwand: je ca.2–3 Sekunden

Denken

Nimm dir vor, einmal im Jahr ein Fachbuch (z.B. über Spiritualität) aufmerksam zu lesen. Erlaube dir dabei, nach jedem Kapitel kurz innezuhalten um deinen eigenen Gedanken dazu freien Lauf zu lassen.

Zeitaufwand beliebig: je nach Umfang des Buches und Freude am Denken

Freuen

Beim nächsten Spazierengehen nimm dir vor bei etwas von dir bestimmten (z.B. jeder blauen Blume) kurz stehenzubleiben um dies bewusst anzusehen, um dich an der Schönheit und dem „gerade auf deinem Spazierwege zu sein", zu erfreuen.

Zeitaufwand: je nach Jahreszeit, jedenfalls eher gering.

Überlege dir einen Tag, an dem du bei der Begrüßung deiner Freunde, in der Umarmung oder beim Halten der Hand, einen Herzschlag lang länger verweilst. Bestimme einen anderen Tag, an dem du dasselbe mit deinen Freundinnen machst.

Zeitaufwand: jeweils weniger als eine Sekunde

Wenn du das nächste Mal mit deinem Liebespartner spazieren gehst, nimm diese/n für ein paar Minuten bei der Hand. Gehe normal weiter. Nimm dabei aufmerksam deine Umgebung wahr und spüre ebenso bewusst den Kontakt der Hände, die Wärme der Berührung. Erfreue dich so an der gefühlten Nähe und dem Augenblick des „Da-Seins" deines Partners.

Zeitaufwand: Irrelevant

Nimm dir vor, am kommenden Wochenende einmal bewusst auf deine Kinder zu blicken. Mit etwas Abstand und ohne sie zu involvieren oder mit ihnen dadurch in Kontakt zu treten. Sieh sie einfach nur für ca. 30 Sekunden an, um dich an ihnen zu erfreuen. Wenn du keine eigenen Kinder hast, mach diese Übung bedacht und achtsam mit von dir gewählten Kindern, immer mit respektvollem Abstand und ohne dass diese Kinder oder etwaige Erwachsene dich dabei bemerken. Es ist deine persönliche, spirituelle Übung, um dich am Leben zu erfreuen.

Zeitaufwand: das Leben kennt keine Zeit, es ist nur vergänglich

Lieben

Nun, da wirst du doch hoffentlich keine Tipps brauchen. Und wenn doch, dann überprüfe nochmals die eben beschriebenen Übungen mit Liebespartner und Freunden auf allfällige Liebes-Implikationen.

Wie gesagt, das sind alles Anregungen, keine „so macht man das" – Übungen.

Da ich schon so einiges zum Spazierengehen erwähnt habe, zum Abschluss noch zwei weitere Überlegungen:

Spazierengehen

Wenn du das nächste Mal vor einem beeindruckenden Ausblick stehst, einem schönen Baum oder einem Ort, der unseren Vorfahren so sehr gefiel, dass sie ihn für heilig erklärten, dann verweile einen Moment. Stehe aufrecht und entspannt, versuche mit allen Sinnen diesen Ort zu erfassen, dann schließ für 3-6 Atemzüge die Augen, wenn möglich ohne den Atem absichtlich zu verändern. Wenn du die Augen wieder öffnest, bleibe für weitere 3-6 Atemzüge mit wachen Sinnen stehen.

Letzte Idee: Versuche beim nächsten Spazierengehen oder der nächsten Wanderung diese unter das Motto „mein Weg ist das Ziel" zu stellen, und nicht der Berggipfel, die Raststation oder den Umkehrpunkt, nicht die nächste Biegung und der kommenden Wald, das nächste gesteckte Etappenziel anzustreben. Vermutlich wird das nur auf wenigen Metern gelingen. Das macht nichts. Einfach mit wohlwollendem Gewähren dich selbst beobachten – wie viele Schritte gelingt es mir beim nächsten Versuch, den Weg zu meinem Ziel zu machen.

Selbstverwirklichung im Tun als schöpferische, intensive Beschäftigung

Von Japan wird berichtet, dass diese Kultur eine Vielzahl von Verrichtungen als spirituellen Weg kennt. Die Möglichkeiten reichen von der Zubereitung von Tee, dem Arrangieren von Blumengestecken, dem Schön-Schreiben und Malen bis zum Bogenschießen und verschiedenen Kampfkünsten. Im Westen wird immer wieder von Künstlern und Spitzensportlern berichtet, die in ihrem Tun zu außergewöhnlichen Erfahrungen und Bewusstseinszuständen vordringen. Der amerikanische Philosoph Ken Wilber berichtet in dem berührenden Buch „Mut und Gnade" [36], in dem er vom gemeinsamen Leben mit seiner an Krebs erkrankten Frau berichtet, wie der Akt des Schreibens ihn mit Sinn erfüllte.

Ein befreundeter Künstler erzählte mir einst:

...es ist als würde mich die Idee ergreifen, sie überkommt mich, manchmal als Traum im Schlaf oder im Halbschlaf, beim Erwachen oder im Einschlafen, beim Meditieren und Tagträumen, sie packt mich und ich werde zur Idee, das kann Sekunden, Minuten oder selten sogar Stunden andauern, manches mal gelingt es mir, diesen Zustand ins Tun mitzunehmen, ein andermal ergreift er mich im schöpferischen Akt, dann bin ich vollkommen eins mit meinem Tun...

Graf Dürckheim, einer der Pioniere, die östliches Gedankengut und meditative Praktiken nach Europa brachten, berichtet, dass er sein Erleuchtungserlebnis beim Lesen erlebte [7]. Seine zukünftige Frau las ihm eine Stelle aus dem Tao-te-king von Laotse (einem chinesischen Philosophen der ca. im 6Jh. vor Chr. gelebt haben soll) vor. Dürckheim berichtet:

„Und da geschah es: Beim Hören des elften Spruches schlug der Blitz in mich ein. Der Vorhang zerriss, und ich war erwacht. Ich hatte Es erfahren. Alles war und war doch nicht, war diese Welt und zugleich durchscheinend auf eine andere. Auch ich selbst war und war zugleich nicht. War erfüllt, verzaubert, „jenseitig" und doch ganz hier, glücklich und wie ohne Gefühl, ganz fern und doch zugleich tief in den Dingen drin. Ich hatte es erfahren, vernehmlich wie ein Donnerschlag, lichtklar wie ein Sonnentag und das, was war, gänzlich unfassbar."

So liegt im schöpferischen Akt und der intensiven körperlichen wie geistigen Auseinandersetzung spirituelles Potential.

Immer wieder berichten mir Freunde und Bekannte, wie sie in intensiver körperlicher Betätigung, meist im Sport, ihre Wahrnehmungen und Erfahrungen erweitern und bereichern. Welches Potential läge wohl darin, wenn sie dies nicht nur als schöne Zufallsmomente und Folge ihres Hobbys verstehen würden sondern darüber hinaus *auch* als spirituelle Erlebnismöglichkeiten erkennen könnten?

Worin der Unterschied besteht?

In einem mathematischen Bild ausgedrückt könnten wir sagen, Hobby sei additiv, summarisch, Spiritualität hingegen multiplikativ, potenziert. Ein Hobby führt zu Fähigkeiten, die man/frau *hat*, wohingegen man/frau spirituell *ist*. In einem Hobby, als intensive, erfüllende Tätigkeit, mögen *auch* spirituellen Erfahrung das eine oder andere mal zugänglich sein. Deswegen ist ein Hobby noch kein spiritueller Weg. Spiritualität berührt uns im tiefsten Inneren unseres Wesens.

Als solches verstanden und integriert, wird die Fähigkeit die *wir haben* zu unserem Wesenskern, der *wir sind*. Wenn wir uns an die Merkmale spiritueller Erfahrung erinnern, (oder einfach zurückblättern), so sehen wir, dass diese *keine* Charakteristika von einem Hobby sind. Sie führen weit darüber hinaus, etwa zu Selbsterkenntnis, Verbundenheit und Ganzheit.

Warum raten uns weise Menschen zu spiritueller Praxis[33]?

Nun, einige Punkte können aus den bisherigen Überlegungen abgeleitet werden:

- Spirituelle Praxis unterstützt uns beim Erkennen, Einordnen und Verarbeiten von spirituellen Erfahrungen und Erlebnissen.

- Spirituelle Praxis hilft uns bei plötzlichen, unvorhersehbaren, im Alltag uns überraschenden spirituellen Erfahrungen. Wissen, Verstehen und aus der Praxis Erkennbares mindert Angst und Unsicherheit.

- Spirituelle Praxis als Erfahrung von Verbundenheit fördert Mitgefühl und Ausgeglichenheit.

- Spirituelle Praxis als Selbsterkenntnis fördert Achtsamkeit, Freiheit und Entwicklung.

Darüber hinaus betonen spirituell erfahrene Menschen folgende weitere wichtige Aspekte:

- Spirituelle Praxis fördert das Erleben von Ganzheit und Erleuchtungserfahrungen.

- Spirituelle Praxis kann den unvermeidlichen Absturz aus der Ganzheits-Erleuchtungserfahrung in die profane Wirklichkeit der Alltagswelt lindern.

- Spirituelle Praxis unterstützt, dass Krisen auch in einen Entwicklungsschub münden können. Keinesfalls aber kann sie Krisen verhindern!

- Spirituelle Praxis hilft, unser Ego und seine Auswirkungen für unser Leben zu reduzieren.

Durch empathische, achtsame Selbsterkenntnis könne wir unser Ego „verkleinern", uns vor der Gefahr des Egoismus schützen. Im Erkennen und Erfahren von Verbundenheit erleben wir Mitgefühl, Wohlwollen und liebevolle Verantwortung für uns, unser Gegenüber und die Welt. Wenn wir in dieser Haltung in der Welt sind, unseren Mitmenschen begegnen und uns der Umwelt gegenüber verhalten, so verstehen wir die Aussage der Weisen: „Spiritualität fördert Liebe, Friede und Gerechtigkeit".

Darum „Aufgeklärte Spiritualität"

„Aufgeklärte Spiritualität" versteht sich als Bezugsrahmen für einen individuellen spirituellen Weg. Dabei soll sie Unterstützung und Orientierungshilfe sein für eigene theoretische Überlegungen und deren praktische Umsetzung.

„Aufgeklärte Spiritualität" ist kein Abwenden vom Leben sondern das genaue Gegenteil, Hinwendung zum Leben. Ein Weg zum und ins Leben mit allen seinen Welten (wie immer das auch für jeden Einzelnen aussehen mag, mit Unsicherheiten, Unzulänglichkeiten und Unwägbarkeiten). Dies beinhaltet auch den Mut und Willen zu einer größtmöglichen Offenheit und Ehrlichkeit sich selbst gegenüber. Was hat letztendlich für mich Bestand? Finde ich diesen in liebevollen Beziehungen, in der Erfüllung eines Lebenstraumes, der Realisierung von Unternehmungen, einem schöpferischen Akt? Ziel ist die Balance zwischen äußeren Errungenschaften und innerer Zufriedenheit, von „Haben und Sein".

„Aufgeklärte Spiritualität" wird nicht auf dem Rücken anderer, auf deren Kosten oder zu deren Leid verwirklicht. Sie ist ein zutiefst individueller, aber auch kooperativer Weg.

„Aufgeklärte Spiritualität" strebt die Weisheit einer wohlwollend freundlichen Lebensweise an, ein erfülltes Leben in Kooperation und Wahrhaftigkeit mit Staunen und Freude am Leben und dem Mut, sich den Schattenseiten zu stellen – „auf dass wir denn als „Nützlinge" durch die Welt gehen mögen".

Kurz, „Aufgeklärte Spiritualität" ist die Ermunterung, in beiden Welten, Außen wie Innen, zuhause zu sein.

Zusammenfassung: „Darum Aufgeklärte Spiritualität"

- Um mit beiden Lebenswelten, der inneren wie der äußeren, vertraut zu sein, uns in ihnen zu Hause zu fühlen.
- Um „Herr/Frau" im eigenen, inneren Haus zu sein.
- Um in der äußeren Welt, in unseren Beziehungen das Übel, Ungerechtigkeit und Leid nicht noch unnötig zu vermehren.
- Um meine unmittelbare Lebensumwelt eventuell ein klein wenig friedvoller, harmonischer, versöhnlicher werden zu lassen.
- Um im Rahmen meiner Möglichkeiten in Friede, Freiheit und Würde ein erfülltes Leben führen zu können.

Das folgende Märchen entstand im Zuge meines Verarbeitungsprozesses einer holotropen Atemerfahrung, viel Vergnügen beim Lesen (oder vorgelesen bekommen).

Das Märchen von den drei Gaben

Es war einmal ein armer, alter Müllers-Mann der hatte drei Söhne. Bei der Geburt des Jüngsten verstarb seine geliebte Frau im Kindbett. So zog der Müller seine Söhne alleine groß. Sie lebten in bitterer Armut; obwohl der brave Mann Tag und Nacht arbeitete, litten sie oft Hunger. Das Land war armselig und heruntergekommen, der König seit langem schwermütig und krank. Die Bewohner konnten gerade so ihr Leben fristen. So auch der Müllers-Mann und seine drei Söhne.

Als die Knaben zu stattlichen jungen Männern herangewachsen waren, reichte es schon lange nicht mehr, die immer hungrigen Mägen zu füllen. Da rief der alte, nun schon kränkliche Vater seine Buben schweren Herzens zu sich und sprach: „Meine geliebten Kinder, hier könnt ihr nicht bleiben! Die Mühle kann gerade einmal mich halbwegs satt machen, in diesem Hause habt ihr keine Zukunft mehr." Da wollten die Söhne protestieren und dem Vater widersprechen, dass er alleine und schwach die Mühle nicht bewirtschaften wird können und sie ihn nie im Stich lassen würden und um ihr Essen brauche er sich keine Sorgen zu machen.

Da sah der Vater sie voll Liebe an, gebot ihnen mit einer kurzen Handbewegung zu schweigen und sprach weiter. „Das ehrt euch sehr. Ich sehe mit Freude, dass ihr rechtschaffene Menschen geworden seid. Doch nun ist es an mir, rechtschaffen zu euch zu sein. Darum dürft ihr nicht länger in diesem Hause verweilen. Ihr müsst euer Glück in der Welt da draußen machen." Bei sich dachte der Vater, `hier haben meine Söhne keine Zukunft, auch will ich nicht einem von ihnen die Mühle als Erbe hinterlassen, sodass keiner von ihnen so ein ärmliches Leben zu führen braucht, wie ich es vom Schicksal hab bekommen`.

Weiter sprach der Vater: „Ich habe von einem Müller mit ebenfalls drei Söhnen gehört, die gingen wie ihr in die Welt und fanden ihr Glück, einen Tisch der immer mit Speisen gedeckt ist, einen Esel der Gold kackt und die Gabe, das alles gegen Diebe zu verteidigen. Ein anderer, so hörte ich, fand sein Glück im Tausch und…"

Da unterbrachen ihn die Söhne kichernd: „Ja, ja, und wenn wir ein Haus bauen wollen so muss es aus Stein sein, damit der böse Wolf es nicht umblasen kann!" Nun lachten die drei aus vollem Halse: „Das sind doch alles Märchen, Vater!" Und so kam es, dass sich der traurige Abschied mit Lachen und Scherzen auf den Lippen zutrug. Was die Söhne aber nicht wussten: Der Vater glaubte gar nicht an Märchen.

Frohen Mutes wanderten die Geschwister viele Tage über Berge und durch Wälder und freuten sich an der neuen, fremden Landschaft. Eines Tages kamen sie zu einer Gabelung, bei der sich der Weg in drei verschiedene Richtungen aufteilte. Nach kurzem Zögern beschlossen sie, dass jeder jeweils einen der Wege einschlagen solle. Nach einem Jahr wollten sie sich an dieser Kreuzung wieder treffen um zu hören, wie es den anderen so ergangen war. Nach inniger brüderlicher Umarmung machte sich ein jeder auf seinen Weg. Voll Zuversicht und Tatendrang schritten sie festen Schrittes voran.

Der Älteste kam nach geraumer Zeit in einen tiefen, dunklen Wald. Mitten im Dickicht traf er auf ein uraltes, verrunzeltes Mütterchen. Gebückt ging sie einher, auf einen knorrigen Eichenstock gestützt. Ihr Antlitz war voller Falten und Warzen, das lange struppige Haar hing in fettigen Strähnen in ihr hässliches Gesicht. Da der ältere Sohn aber nicht an Märchen glaubte, so hatte er keine Angst vor der Hexe. Diese sprach ihn an: „Komm mit zu mir in meine Hütte. Wenn du mir übers Jahr treue Dienste erweist, so soll es dein Schaden nicht sein."

Frohen Gemütes folgte der ältere Bruder der alten Frau noch tiefer in den Wald. Sie kamen zu einer kleinen verfallenen Behausung. Der Dachstuhl brach fast ein, der Schornstein hing schief, die Gläser der Fenster hatten Sprünge und die Fensterläden hingen an ausgerissenen Haken lose an der Hauswand. Drinnen sah es nicht anders aus. Der Tisch stand nur auf drei Beinen und hatte einen Sessel als viertes untergestellt. Die Stühle waren schief und klapprig, der Boden verdreckt, überall lag Müll und Unrat. Es schien als hätte seit Jahrhunderten hier niemand mehr für Ordnung gesorgt. Da lachte der Müllers-Bursche laut auf, spuckte in seine Hände und rief: „Naja, wollen wir mal sehen, ob ich das alles in einem Jahr zuwege bringe!" Und so machte er sich an seine Arbeit.

Der Weg des Mittleren führte über Auen und Felder, immer höher und höher in die Berge. Nach langem, beschwerlichen Aufstieg und manch gefährlicher Kletterei gelangte er an eine Einsiedelei. In dem kleinen Haus aus Stein lag ein kranker, alter Mann auf einem einfachen Strohbett. Er stank nach Erbrochenem und anderen menschlichen Ausscheidungen. Er hob leicht den Kopf und blickte dem jungen Mann in der Türe mit trübem, verschwommenen Blick entgegen. Mit einem leisen Röcheln fiel sein Haupt schwach wieder auf das Bett zurück. „Hier gehört gelüftet" rief der mittlere Bruder, „Du brauchst frisches Wasser und eine kräftige Gemüsebrühe, dein Bett gehört gereinigt und du wohl auch. Mal sehen, ob wir dich wieder gesund kriegen!" Mit diesen Worten spuckte der zweite Müllers-Bursche in die Hände und machte sich an sein Werk.

Der Jüngste aber kam nach langer Wanderung an einen großen See. Er konnte die Ufer kaum überblicken, so weit streckte sich das Wasser vor ihm aus. Tiefes dunkles Blau ging in undurchdringliches Schwarz über, der See musste wohl unendlich tief sein. Der junge Mann überlegte, wie er dieses Hindernis bewältigen konnte. Zum Durchschwimmen war das Wasser zu groß, zum Umrunden gab es keine Fährte durch den Sumpf und sein Weg endete an den Tiefen des nassen Abgrunds. So setzte er sich auf einen Stein ans Ufer und dachte nach.

Da erblickte er eine kleine Gestalt, keine drei Meter entfernt, so wie er auf einem Stein sitzend. Das Wesen sah ihn freundlich an. „Du musst dann wohl der jüngste der drei Müllers-Burschen sein." „Woher weißt du das?" fragte der Müllers-Sohn überrascht. „Kennen wir uns?" „Ich weiß so manches" antwortete der Gnom spitzbübisch. „Kennst du denn dich?" Das verwirrte den jungen Mann. „Möchtest du in meinen Spiegel blicken?" Der kleine Wicht war an den jüngsten Bruder herangetreten und hielt ihm einen Handspiegel einladend entgegen. Wortlos nahm dieser in entgegen und erblickte darin sein Antlitz. „Was siehst du?" fragte das Männlein. „Oh, ich sehe mich!" rief der jüngste Müllers-Sohn lachend aus. „Ist das so? Dann ist es gut! Hättest du jemanden anderen gesehen, so wärst du verloren gewesen" kam prompt die Antwort. „Ich bin der Wassermann dieses Sees, folge mir auf seinen Grund und diene mir ein Jahr, es soll dein Schaden nicht sein!" Mit kleinen Wellen und vielen Luftbläschen verschwanden die beiden in dem tiefen, dunklen Wasser des Sees.

Und so ging das Jahr ins Land.

Eines Tages stand der älteste Bruder mit der hässlichen Hexe vor ihrer nun sehr hübschen, ansehnlichen Hütte. Dach und Schornstein waren ebenso repariert wie die Fenster, alles machte einen schönen, soliden Eindruck. Im Haus stand ein neuer, fester Tisch mit stabilen Stühlen, die Räume waren sauber und einladend freundlich.

„Du hast mir wohl gedient und deine Aufgabe mit Fleiß sehr gut gelöst. So will auch ich mein Versprechen halten. Komm ein letztes Mal zu mir in die Stube. Bei einer Tasse Tee werde ich dir das Geheimnis der Liebe anvertrauen." Bald saßen sie gemeinsam am neuen Tisch auf den bequemen Sesseln und tranken feinen Tee aus sauberen Bechern.

Da sah die alte Hexe den jungen Mann mit wohlwollenden, mütterlichen Augen lächelnd an und sprach: „Was die Menschen nicht wissen, es gibt zwei Geheimnisse um die Liebe. Verlieben sich zwei Menschenwesen ineinander, so weben sie ein unsichtbares Band zwischen sich. Dieses Band ist unzerreißbar und wächst in den Himmel. Darum ist dort das Paradies. Dieses Band wächst unablässig, nichts kann es zerstören. Doch es muss jeden Tag aufs Neue weitergesponnen werden. Das vergessen die Menschen im Alltag, aus diesen und jenen Gründen, Ausreden, Bequemlichkeit. Hören sie aber auf, das Band zu flechten, so wird dieses immer dünner und dünner und verschwindet eines Tages ganz. Das ist das erste Geheimnis um die Liebe. Wird sie nicht jeden Tag aufs Neue gewoben vergeht sie. Das zweite wissen die Menschen auch nicht. An der Wurzel ihres Herzens, da wo der Faden der Liebe geboren wird, schläft ein kleiner Dämon. Er schläft tief und fest. Der einzige Zweck seiner Existenz besteht darin, sollte er je geweckt werden, mit seiner magischen Schere das Band der Liebe zu durchtrennen. Er ist nicht böse oder gehässig, dies ist einfach seine Aufgabe, seine Bestimmung. Normalerweise schläft der Dämon, nichts kann ihn wecken, außer laute Worte im Streit der Liebenden, besonders wenn es böse Worte sind, die im Zorn unbedachter Wut gesprochen werden."

Bei der Verabschiedung umarmte die Hexe den ältesten Bruder und mahnte „Gehe mit Bedacht zu deinem und deiner Mitmenschen Wohl, mit diesem Geheimnis um, dann wirst du dein Glück finden."

An einem prächtigen Morgen blickten der mittlere Bruder und der mittlerweile genesene Einsiedler aus dem Fenster des nunmehr wohlig – wohnlichen, sauberen Häuschens auf die sonnenbeschienenen Berge. Da sprach der alte Weise: „Du hast gut getan im letzten Jahr, hast viel über Krankheit und Gesundheit gelernt und du hast das rechtschaffene Herz eines Heilers. Ich möchte dir zum Abschied noch ein Geschenk überreichen."

Mit diesen Worten holte er aus einer kleinen Truhe ein Säckchen mit weißem Pulver und überreichte es dem jungen Mann mit den Worten: „Dies ist das Pulver der Erinnerung. Atme davon nur eine sehr kleine Prise ein. Gehe mit Bedacht, zu deinem und deiner Mitmenschen Wohl mit diesem Geheimnis um, dann wirst du dein Glück finden."

So verabschiedete er sich und machte sich auf den Weg zum Treffpunkt mit seinen Brüdern. Nach dem beschwerlichen Abstieg kam er zu einem riesigen See. Dort erblickte er ein eigenartiges Wesen. Etwa gleich groß wie er irrte es umher. Es war nass, voller Algen und Seetang im Haar, sodass dieses, wie seine Haut, grün leuchtete. In der Hand hielt es einen Spiegel, aber darin war nichts zu erkennen, nur nebelige Trübung. „Hilf mir" sagte das bedauerliche Wesen, „bitte hilf mir". Und wenn die Herzen sich auch berührten, so erkannten die Brüder einander nicht.

Da nahm der Mittlere etwas von dem weißen Pulver und gab es dem Jüngsten. Augenblicklich löste sich sein Gesicht in freudige Entspannung und im Spiegel erschien das strahlende Antlitz des jüngeren Bruders. Da erkannten sich die Geschwister und vielen einander in die Arme. Nachdem sich der Jüngere gereinigt und seine Kleidung getrocknet hatte, erzählte er von seinem Jahr beim Wassermann. Er zeigte dem Bruder den geheimnisvollen Spiegel, den er als Lohn geschenkt bekommen hatte, dessen Funktion oder Nützlichkeit er aber nicht kannte. So machten sie sich frohen Sinnes zum vereinbarten Treffen mit dem ältesten Bruder auf.

Groß war ihre Wiedersehensfreude und sie beschlossen, sich von nun an nicht mehr zu trennen und gemeinsam den weiteren Weg zu beschreiten.

Nach einigen Tagen kamen die drei Brüder zu einer Lichtung nahe an einem Bach, die zur Rast einlud. Bald schliefen sie friedlich, als der Jüngste durch ein Schluchzen und Wehklagen geweckt wurde. Langsam folgte er den Lauten bachaufwärts. An einer kleinen Brücke erblickte er eine verzweifelte junge Frau. Ihr Haar war zerzaust und ihre feinen Kleider zerrissen. Unglücklich blickte sie in das Wasser und schickte sich an das Geländer zu erklettern. „Was machst du denn da?" sprach der jüngste Müller-Bub sie an.

Die Jungfrau wirbelte erschrocken herum und fauchte ihn an. „Was geht dich das an? Lümmel!" „Warum beleidigst du mich? Wer bist du überhaupt?" Fragte der junge Mann mit ehrlichem Interesse. „Ich bin die Tochter des Königs!" Da nahm sie ihm seinen Spiegel aus der Hand und beide erblickten darin eine hochnäsige, wunderschöne Frau, die sich mit Eitelkeit von allen Seiten bewunderte. „Das bist du?" fragte der

Müllersbursch ungläubig. „Das kann doch nicht sein" sprach er voll Mitgefühl, als er in ihre tränenden, traurigen Augen blickte. Sein offenes, unschuldiges Herz erweichte sie. Da veränderte sich die Spiegelung. Nun sahen sie ein kleines todtrauriges Mädchen, das alleine in einem riesigen Zimmer auf einem viel zu großen Bett saß und ihren Kopf schluchzend in den Händen verbarg. „Das bin ja ich!" rief die Prinzessin überrascht, „das bin ich am Tag als Mutter starb!" Mit diesen Worten fiel sie bitterlich weinend dem jüngsten Müllers-Bub in die Arme.

Sie weinte und weinte, wie nie zuvor seit jenen Tagen. Immer wieder wiederholte sie den Satz: „Das bin ich, das bin ich!" Der junge Mann hielt sie tröstend in seinen Armen. Er fragte sich, ob dieser Tränenfluss wohl jemals enden würde. Doch mit der Zeit beruhigte sich die Prinzessin langsam, noch in die haltenden Arme geschmiegt. Vorsichtig löste sie sich aus der Umarmung und sah mit nassen Augen in das freundlich lächelnde Gesicht des jüngsten Müller-Sohnes. „Danke, ich weiß jetzt wer ich bin. Ich bin Prinzessin Morgenröte, und dieses kleine Mädchen in deinem Spiegel, das bin ich auch. Ich hatte sie all die Zeit verloren. Dank dir habe ich sie nun wiedergefunden. Ich wohne in meines Vaters Schloss. Der König ist sehr krank. Wir empfangen schon lange keine Gäste mehr. Du aber bist uns herzlich willkommen, wenn du uns trotz des Fluches, der auf unserer Familie liegt, die Ehre eines Besuches geben willst." „Gilt das auch für meine beiden Brüder – dann komme ich gerne!"

Auf dem Rückweg zur Lichtung dachte er bei sich: `Jetzt kenne ich das Geheimnis des Zauberspiegels, den ich vom Wassermann als Lohn für meine Dienste geschenkt bekommen habe. Es ist ein Spiegel der Seele. Wer ehrlich hineinblickt, erkennt sein Innerstes, wer aber voll Stolz und Eitelkeit hineinblickt, sieht nur seine eigenen Wunschphantasien`. Aufgeregt berichtete er den beiden älteren Brüdern von seinem Erlebnis mit der Prinzessin, der Einladung und was er über seine Gabe nun herausgefunden hatte.

So kamen die drei Müllers-Söhne zu dem traurigen König in das Schloss. Es war offensichtlich, dass Freude, Wohlstand und Lebenslust schon lange aus der Burg, dem Dorf und dem Land gewichen waren. In einem schmucklosen, verwahrlosten Saal saß der König, grau vor Gram und Sorge auf seinem einst prachtvollen Thron und hieß die Gäste willkommen. „Es tut mir leid" entschuldigte er sich „euch in diesem Zustand zu begrüßen. Von meiner Tochter habe ich vernommen, dass einer von euch die Gabe hat, zu heilen. Nun, wie ihr seht, bin ich schon seit langem krank. Angst und Dunkelheit haben mich ergriffen, schon seit vielen Jahren. Mein Land ist trostlos, die Menschen sind arm und fristen ein elendes Leben, mein Sohn hasst mich, meine Tochter war bis eben noch trübsinnig. Keine Ärzte im Reich wussten Rat, niemand konnte helfen. Wenn ihr schafft, wieder Leben in uns zu wecken, so werde ich euch reich beschenken, nie wieder sollt ihre Not leiden, an nichts soll es euch mangeln. Doch muss ich gestehen, dass ich keine Hoffnung hege. Ich glaube nicht, dass wir noch zu retten sind" sprach der König, mit einer müden Geste seiner Hand.

Da trat der jüngste Bruder vor den König und reichte ihm seinen Spiegel. Das Spiegelbild zeigte einen gebrochenen Mann, der am frischen Grab seiner Frau stand. „Ich weiß, ich weiß, damit hat alles begonnen, nichts kann mir mein geliebtes Weib je wieder zurückbringen. Es ist sinnlos." Mit diesen Worten gab der König resignierend dem Jüngling seinen Spiegel zurück.

Da trat der mittlere Bruder zum König und gab ihm eine Prise vom Pulver der Erinnerung. Lange blickte der König, wie erstarrt, mit leeren Augen in die Ferne. Langsam formten sich dicke Tränen in seinen Augen, einzeln liefen sie über seine Backen in den Bart, um dann zu Boden zu tropfen. Bald bildeten die Tränen kleine Rinnsale, die unaufhörlich über das Gesicht des Königs rannten. Als hätte ein Damm in einem See von Tränen eine kleine Öffnung bekommen, durch die diese nun nach und nach abrinnen konnten. „Das ist es", flüsterte der König leise, „ich kann mich wieder erinnern. Wir haben über eine Lächerlichkeit gestritten, dann setzten bei meinem Weibe überraschend die Wehen ein und ich sah sie nicht mehr lebend wieder. Ich konnte mich nicht entschuldigen. Das letzte Wort fiel im Streit. Sie ging im Zwist. Ich konnte sie nicht mehr um Verzeihung bitten. Ich konnte mich nicht verabschieden."

Da begann der König bitterlich zu weinen, er legte seinen Kopf auf den Tisch und vergrub sein Gesicht in den Armen. Die Brüder saßen in stiller Anteilnahme bei ihm. Dann fuhr der König, etwas aufblickend, fort: „Mein Sohn! Jetzt sehe ich es – ich gab ihm die Schuld am Tod seiner Mutter. Nicht er hasst mich, ich konnte ihn nicht lieben. Sein Antlitz erinnert mich immer an meine geliebte Frau. Ich konnte das nicht ertragen." Da begann der König noch heftiger zu schluchzen. „Was hab ich getan, was hab ich nur getan, es tut mir ja so leid!"

Die Prinzessin und der Prinz nahmen ihren Vater in die Arme und hielten ihn, ohne zu sprechen, lange fest. Dieser aber vergrub vor Scham weiterhin sein Gesicht. Da trat der älteste Müllers-Sohn zum König und seine beiden Kinder, setzte sich respektvoll und begann mit leiser, einfühlsamer Stimme das Geheimnis der Liebe zu erzählen. So wie er es von der Hexe im Wald gelernt hatte. Von den Fäden, die Liebende verweben und dem kleinen Dämon, der nicht geweckt werden darf und dass die Liebesfäden bis in die Wolken reichen und dort den Himmel für die Liebenden bereiten. Und so wie der König seine Frau liebt, konnte sie nur dort sein. Wie wichtig es sei, fuhr der Erzähler eindringlich fort, den Faden jeden Tag aufs Neue zu spinnen, dadurch konnte jeder Tag zur Neugeburt der Liebe führen. Da schloss der König seine Kinder in die Arme und sie blieben lange Zeit eng umschlungen, schluchzend vor Trauer und Freude, in Tränen der Liebe.

Die drei Müllers-Brüder fassten sich an den Schultern und beobachteten teilnahmsvoll und gerührt die Szene. Sie wussten aus eigener Erfahrung sehr gut, was es bedeutete, die Mutter zu verlieren.

Mit der Versöhnung und Liebe kehrte auch das Leben in das Schloss zurück und breitete sich bald in Dorf und Land aus. Der König regierte wieder umsichtig und Wohlstand, Lebensfreude und so manch heiteres Fest hielten Einzug. Lachen erklang wieder in den Straßen, Farbenpracht erfreute das Auge und reiche Ernte wurde eingebracht.

Die drei Müllers-Söhne wurden, wie versprochen, vom König reich beschenkt. Und da sie von ihren Gaben weisen Gebrauch machten, waren sie bald weithin geschätzt und beliebt.

Der mittlere Bruder wurde wegen seiner Heilkünste und als „Herr des Pulvers der Erinnerung" zum offiziellen Medicus der königlichen Familie und des gesamten Reiches bestellt. Der älteste Bruder bekam das versprochene Gold. Damit ging er zurück zur Mühle und baute diese erfolgreich wieder auf. Dort lebte er noch viele Jahre in Wohlstand mit seinem alten Vater. Menschen von Nah und Fern kamen, um in der Mühle ihr Mehl für das tägliche Brot zu mahlen.

Während sie gemeinsam warteten, bis die Mühlsteine ihre Arbeit vollbracht hatten, erzählte ihnen der Müller die Geschichte von dem Geheimnis um die Liebe. Denn nicht länger sollte es ein Geheimnis sein.

Der jüngste der drei Brüder aber heiratete die Prinzessin und wurde nach des Königs Tod ein weiser und gerechter Regent. Den Spiegel ließ er an der Eingangspforte zum Tempel der Götter einarbeiten. Jeder sollte die Möglichkeit bekommen, sich zu erkennen, sein Innerstes zu schauen. So gingen die Jahre ins Land. Die Brüder verbrachten viel Zeit miteinander und mit ihren Frauen, Kindern und Enkeln.

Und wenn sie nicht glücklich und zufrieden einst gestorben sind, so leben sie wohl noch heute.

Literatur
die im Text erwähnt wurde

[1] Assagioli, R. 2010 „Psychosynthese Harmonie des Lebens" (Zitat Seite 62) Rümlang: Nawo Verlag.

[2] Bieri, P. 2011 „Wie wollen wir Leben?" 2.Aufl. Salzburg: Residenz Verlag.

[3] Bucher, A. 2007 „Psychologie der Spiritualität" Weinheim: Belz Verlag.

[4] Comte-Sponville, A. „Woran glaubt ein Atheist. Spiritualität ohne Gott" Zürich: Diogenes Verlag.

[5] Dirnberger, R. 2012, „Aufgeklärte Spiritualität. Spiritualität ohne Gott" Norderstedt: Books on Demand Verlag.

[6] DSM – IV 2003 „Diagnostische Kriterien" Göttingen: Hogrefe.

[7] Dürckheim, K. Graf von, 1990 „Erlebnis und Wandlung" München: O. W. Barth Verlag.

[8] Egger, J.W. 2008 „Theorie der Körper-Seele-Einheit: Das erweiterte biopsychosoziale Krankheitsmodell – zu einem wissenschaftlich begründeten ganzheitlichen Verständnis von Krankheit" In: Integrative Therapie 33. Jg. Heft 3 (497-520).

[9] Egger, J. W. 2005 „Das biopsychosoziale Krankheitsmodell. Grundzüge eines wissenschaftlich begründeten ganzheitlichen Verständnisses von Krankheit.", In: Psychologische Medizin 16. Jg. Nummer 2, (3-12).

[10] Fischer, E.P. 2000 „An den Grenzen des Denkens, Wolfgang Pauli – Ein Nobelpreisträger über die Nachtseiten der Wissenschaft" Freiburg: Herder Verlag.

[11] Freud, S. 1972 „Abriss der Psychoanalyse" (Zitat Seite 24) Frankfurt am Main: Fischer Taschenbuch.

[12] Freud, S. 1971 „Selbstdarstellung" Frankfurt am Main: Fischer Taschenbuch.

[13] Gaarder, J. 1998 „Sofies Welt. Roman über die Geschichte der Philosophie" München: Hanser Verlag.

[14] Gabriel, M. 2013 „Warum es die Welt nicht gibt" 8.Aufl. (Zitate Seiten 197f, 211) Berlin: Ullstein Verlag.

[15] Grof, St. 2006 „Die Psychologie der Zukunft. Erfahrungen der modernen Bewusstseinsforschung" 2.Aufl. Wettswill: Edition Astrodata.

[16] Grof et al, 1990 „Spirituelle Krisen" München: Kösel Verlag.

[17] Horvarth, M. 2006 „Erleuchtung. Wege zur Selbstbefreiung und ihre Hintergründe" Saarbrücken: Verlag Dr. Müller.

[18] Jung, C.G.1986 „Erinnerungen, Träume, Gedanken" 4.Aufl. Olten: Walter Verlag.

[19] Kakalios, J. 2006 „Physik der Superhelden" Berlin: Rogner & Bernhard Verlag.

[20] Kirchmayr-Kreczi, J. „Kraft meiner Angst. Ein Mutmacherbuch bei Angst und Panikattacken" Steyr: Ennsthaler Verlag.

[21] Koren-Wilherler, F. 2007 „Auf den Spuren des Du" Wien: LIT Verlag.

[22] Maurer, A. & Weidinger H.P., 2008 „Von Herz zu Herz. Liebe und Begegnung in Psychotherapie und Spiritualität" H.P. Wien: Ibera Verlag.

[23] Mayer, L. 1943 „Die Technik der Hypnose. Praktische Anleitung für Ärzte und Studierende" München: Lehmanns Verlag.

[24] Murakami, H. 2006 „Kafka am Strand Roman" München: btb Taschenbuchverlag.

[25] Platon, 1983 „Politeia" in Sämtliche Werke Band 3, Hamburg: Rowohlt Taschenbuchverlag.

[26] Polkinghorne, J. 2011 „Quantentheorie" 2.Aufl. Stuttgart: Reclam Sachbuch Verlag.

[27] Popfinger, G. 2009 „Die Schwitzhütte" Uhlstädt-Kirchhasel: Arun Verlag.

[28] Schwartz, J. & McGuiness, M. 1983 „Einstein für Anfänger" Hamburg: Rowohlt Taschenbuchverlag.

[29] Stevens, J. 1992 „Unendlicher Friede. Die Biografie des Aikido-Gründers Morihei Ueshiba" Heidelberg: Kristkeitz Verlag.

[30] Vaitl, D. 2012 „Veränderte Bewusstseinszustände" Stuttgart: Schattauer Verlag.

[31] van Lommel, P. 2013 „Endloses Bewusstsein. Neue medizinische Fakten zur Nahtoderfahrung" München: Knauer Taschenbuchverlag.

[32] Ware, B. 2013 „5 Dinge, die Sterbende am meisten bereuen" München: Arkana Verlag.

[33] Walch, S. 2012 „Prinzipien einer transpersonalen-spirituellen Lebensweise" In: „Spuren des Lebens" Hrsg. Khorassani-Michels, M. Wien: Ibera Verlag.

[34] Walch, S. 2011 „Vom Ego zum Selbst. Grundlinien eines spirituellen Menschenbildes." München: O.W. Barth Verlag.

[35] Walch, S. 2007 „Dimensionen der menschlichen Seele. Transpersonale Psychologie und Holotropes Atmen" Düsseldorf: Patmos Verlag.

[36] Wilber, K. 1996 „Mut und Gnade" 16. Aufl. München: Goldmann Taschenbuchverlag.

[37] Zumstein, C. 2011 „Schamanismus" 8.Aufl. München: Diederichs Verlag.

Rainer Dirnberger – Aufgeklärte Spiritualität

Als Lehrtherapeut und Erwachsenenbildner begegnet der Autor immer wieder Menschen, die sich Fragen stellen wie: „Wer bin ich? Warum passiert das mir? Was hat im Leben Sinn? Die dahinter liegende Frage nach Spiritualität wird heute nach wie vor in engem Zusammenhang mit religiösen Vorstellungen oder überkonfessionellen Gottesbegriffen gesehen.

Aus solchen Erfahrungen entstand dieses Buchprojekt, mit dem Ziel, Menschen auf der Suche nach Spiritualität einen Bezugsrahmen zu bieten, der den Zugang zur Beantwortung existentieller Fragen individuell ermöglicht. An wen richtet sich dieses Buch? Menschen die einen spirituellen Weg suchen. Menschen, die eine Affinität zu spirituellen Fragen haben, die aber nicht auf religiöse Antworten oder Systeme zurückgreifen wollen.

Rainer Dirnberger – SELE

SELE – Selbsterkenntnis durch Leiberfahrung – ist eine Synthese aus den Weisheitslehren östlicher Kampfkunst und westlicher Psychotherapie, entwickelt vom Autor aus seiner nunmehr jahrzehntelangen Erfahrung in Praxis und Lehre als Aikidoka und transaktionsanalytischer Psychotherapeut.

SELE ist ein homogen durchdachtes, am ganzheitlichen Erleben ausgerichtetes, Konzept empathischer Selbsterfahrung. Die vorgestellten Übungen, veranschaulicht durch viele erläuternde Bilder, werden eingebettet in einen theoretischen Kontext und Erklärungsrahmen. SELE wendet sich an TherapeutInnen, Interessierte und Praktizierende von: Körper- und Leibarbeit, Selbsterfahrung und Persönlichkeitsentwicklung, Kampfkünsten

Rainer Dirnberger – Weltenwanderer

Reisende in Sachen Selbst – Aufgeklärte Spiritualität auch
für AnfängerInnen und QuereinsteigerInnen.
Eine Wanderung zwischen den Welten – dem Innen und
Außen – führt uns über die tiefsten Fragen nach dem „Wer
bin ich?" „Was macht Sinn und Erfüllung?" weiter zu außergewöhnlichen Erfahrungen. Der spirituellen Seite des Seins
begegnen wir Menschen bereits in der Kindheit über die
Frage „Woher komme ich?".

Im Laufe des Lebens kehren diese Fragen wieder,
manchmal auch in Verbindung mit „besonderen Erlebnissen und Momenten". „Aufgeklärte Spiritualität" bietet eine
Orientierungshilfe, sowohl auf der Suche nach Antworten
als auch bei der Reise in unsere „Inneren Welten" – mit all
ihren erstaunlichen und faszinierenden Bereichen – eine
Unterstützung auf dem Weg der Selbst-Erkenntnis.

Rainer Dirnberger – Holotropes Atmen

„Holotrop Atmen" ist eine effiziente Methode intensiver
Selbsterfahrung, die Zugang zu tiefen Schichten des
Unbewussten eröffnet. Diese besondere Atemerfahrung
fördert heilsame Prozesse, ermöglicht umfassende Selbsterkenntnis und ist somit ein Weg zu Wachstum und Entwicklung. Das vorliegende Buch bietet eine Einführung,
indem folgende Fragen und Inhalte behandelt werden:

- „Wozu Holotrop Atmen?"
- „Was kann in einer Atemerfahrung erlebt werden?"
- „Wie läuft ein Atemseminar ab, (was „passiert" da)?"
- „Welche Indikationen, Gefahren und typischen
  Ängste gibt es?"
- „Was braucht es, um eine Holotrope Atemerfahrung
  gut zu verarbeiten?"

Zahlreiche Erfahrungsbeispiele veranschaulichen die
Ausführungen.

CPSIA information can be obtained
at www.ICGtesting.com
Printed in the USA
BVHW091108150319
542769BV00015B/743/P